A/ 12.83

M. Pema-Dorje
Auf dem Ochsen reiten

W

Auf dem Ochsen reiten

*Suche nach Erkenntnis,
Glück und Erfüllung*

Walter-Verlag
Solothurn und Düsseldorf

Die Deutsche Bibliothek – CIP-Einheitsaufnahme

Pema-Dorje:
Auf dem Ochsen reiten : Suche nach Erkenntnis, Glück und Erfüllung /
(M. Pema-Dorje). – Düsseldorf : Walter, 1993
ISBN 3-530-63771-8
NE: HST

Alle Rechte vorbehalten
© Walter-Verlag AG, 1993
Satz: Digital Type & Picture AG, Wiedlisbach
Druck und Einband: Boss-Druck, Kleve
Printed in Germany
ISBN 3-530-63771-8

*Ehre und Dank
dem Ewigen Göttlichen Geist
der alles entfaltet, durchwirkt und belebt!*

*Ehre und Dank
den Weisheitskräften der «Wahren Natur» in uns,
dem Heiligen Geist,
der Schöpferkraft OM!*

*Ehre und Dank
allen Menschen und Kräften,
die in mir gewirkt haben!*

*Gewidmet sei dieses Buch allen Menschen
«auf der Suche nach Erkenntnis, Glück und Erfüllung»*

Meister Pema Dorje

Inhalt

Vorwort 9

I   Tiefe Unzufriedenheit, chronische Unruhe, Sehnsucht 15

II   Vorbereitende Betrachtungen und Ratschläge für den Weg ... 27
    1. Sammlung, rechte Haltung und Besinnung 33
    2. Überblick und Klarheit gewinnen 37
    3. Beginn der schöpferischen Aktivität 44
    4. Die Suche nach Erfüllung 48

III   «Der Ochse und sein Hirte»
    Nach Meister Kakuans Bildfolge 57
    1. Die Suche nach dem Ochsen 59
    2. Das Entdecken der Spuren 79
    3. Der Ochse wird aufgespürt 91
    4. Der Ochse wird eingefangen 103
    5. Der Ochse wird gezähmt 123
    6. Der Heimritt auf dem Ochsen 135
    7. Der Ochse ist transzendiert 145
    8. Shunyata, Leere 153
    9. Rückkehr zur Quelle 163
    10. In der Welt 175

Anmerkungen 189
Anhang 203

Vorwort

Die unsteten, vielfältigen und oft verschlungenen Pfade junger Jahre, voller Sehnsucht nach erfüllendem Glück, Liebe und geistigen Höhen, träumend und tatsächlich suchend nach Menschen und Lebenssituationen, die es ermöglichen würden, konkrete Wirklichkeit und Erfahrung werden zu lassen, was im Herzen bohrte und glauben ließ, es müsse doch wirklich möglich sein, die hohen Ideen des Geistes, die tiefen Gefühle und Sehnsüchte des Herzens und die materiell-körperlichen Bedürfnisse und Lebensbedingungen in Einklang zu bringen, in eine Synthese und Form, die es ermöglichen würden, mit einer ebenso gesinnten Lebenspartnerin und guten Freunden endlich die quälende Unruhe des Herzens zu besänftigen, führten mich eines Tages unversehens in ein altes Schloß in Norddeutschland. Es klingt wie ein Märchen und war für mich damals in der erlebten Realität und Fügung der Ereignisse und beteiligten Personen tatsächlich nicht weniger als ein solches. Märchenhaft!
Nach Jahren quälender Unzufriedenheit auf allen Ebenen des Lebens, obwohl objektiv bzw. mit landläufiger, mehr äußerlicher und oberflächlicher Beurteilung nichts sonderlich zu bemängeln gewesen wäre, trafen plötzlich und ohne meine sonst üblichen Anstrengungen und Aktivitäten Faktoren zusammen, die eine wirklich märchenhafte Erfüllung aller Träume und Sehnsüchte versprachen. Das alte, wunderschöne Schloß inmitten eines paradiesischen, lichtdurchfluteten und durch eine Fülle seltener Vogelstimmen verzauberten Parkes, bewohnt und beseelt durch äußerst liebevolle und warmherzige, geistig hochstehende, feine, souveräne und auf Grund ihrer beruflichen Karriere und Tätigkeiten sehr begüterte Menschen, war die äußere Rahmenbedingung, in der endlich das große Glück hätte beginnen können, wo ich doch ganz und gar dort liebevoll aufgenommen worden

war. Und doch, nach dem verzaubernden Rausch der ersten Eindrücke und Erlebnisse erfüllten unwiderstehlich wie bisher die alten, ewiggleichen negativen, zweifelnden und lähmenden Gefühle und Gedanken Herz und Gemüt und schufen eine Lustlosigkeit, die angesichts der Tatsache, daß der Traum, von wirklich geist- und seelenverwandten Menschen geliebt und angenommen zu sein, in Erfüllung gegangen war, besonders erschreckend bewußt wurde. Gewissermaßen wie mit einem gewaltigen Schlag erschütterte mich diese Erkenntnis, und mir wurde klar, daß meine bisherige chronische Unzufriedenheit und Unerfüllbarkeit zutiefst nur allein mit mir selbst etwas zu tun hatte: eine zunächst erschreckende Erkenntnis! Es war ein Punkt erreicht, eine «krisis», ein Höhepunkt, eine Eskalation, die ein Ausweichen und Ablenken von sich selbst nicht mehr ermöglichte. Keine weitere Projektion auf irgendwelche äußeren Rahmenbedingungen des Lebens war mehr möglich.
Ich war noch einigermaßen jung, hatte zwar schon allerhand Psychologie studiert, was gewöhnlicherweise jedoch kaum die wahre Selbsterkenntnis fördert, hatte von Geistigem YOGA und ähnlichem noch nichts gehört und war nun doch, wie ich nachträglich erkenne, an einen ganz entscheidenden Punkt geführt, der zum Wendepunkt werden könnte, wenn er nur nicht wiederum übersehen, überspielt und somit für lange Zeit vertan würde! – Vollkommen an meiner eigenen inneren Verfassung zweifelnd und fast verzweifelnd stand ich von einer der romantischen Parkbänke auf und ging in die Bibliothek. Wie soll ich diese Fügung ohne verkitschende Aberglaubelei oder auf andere unzumutbar-naive Art beschreiben? Auf einem alten Tischchen vor der riesigen Bibliothekswand lag ein unscheinbares, verblichenes und abgegriffenes dünnes Büchlein: «Der Ochse und sein Hirte» und noch zwei weitere Schriften, die ich nicht mehr erinnere. Ich griff nach dem ersten, las und vertiefte mich. Ich verstand zunächst nicht viel mehr, als daß die einfachen Bilder mir gefielen und der dabei stehende Text poetisch ansprechend, aber völlig unverständlich war. Dennoch bewegte es mich instinktiv so, daß ich das Büchlein in den nächsten zwei Tagen immer wieder in die Hand nahm, weil ich es wie einen wesentlichen Angel- und Ruhepunkt in

meiner aufgewühlten Lage empfand. Ein Satz aus dem Kommentar des Herausgebers fiel mir besonders auf. Dieser Satz lautete: «*Die Vorstellungen verderben alles!*»

Ich erkannte blitzartig: Das war das Problem, welches auch mir ständig alles verdarb! In und als Gedanken baut der Mensch soviel auf und stellt es vor die Realität, daß keine unmittelbare Begegnung, Berührung und tatsächliche Verschmelzung stattfindet. Gedanken, Interpretationen, Erwartungen, Pläne, Bewertungen, Wünsche und Befürchtungen, Ideen, was und wie sein soll und was und wie nicht sein soll, Vergleiche und Argumente, Erinnerungen und Assoziationen, also lauter «Vorstellungen» verhindern ein unmittelbares, unvoreingenommenes Begegnen, eine wirklich lebendige und befruchtende schöpferische Beziehung zur Welt und zum Leben mit seinen vielfältigen Erscheinungen. Eingesperrt und isoliert in seinen Vorstellungen verhungert der Mensch inmitten der «Fülle des Lebens»! Die eigenen Vorstellungen, die der Mensch von der Welt, den Mitmenschen, dem LEBEN und von GOTT schafft und wie eine Wand vor sich stellt und aufbaut, anstatt die unmittelbare, «unverstellte», ungetrübte und unvoreingenommene Wahrnehmung zu entfalten, wie es der Buddha empfiehlt, sind es, welche den Blick für das Paradies und das «Reich Gottes» trüben, die Absicht des LEBENs und des Universums verdecken und den Menschen so blind machen für die Allgegenwart göttlicher Kraft, Weisheit und Schönheit. Die Ur- und Grundsünde des Menschen bestand und besteht nicht darin, zu genießen, was GOTT und das Leben bereithalten, sondern egozentrisch oder auch kollektiv-anthropozentrisch zu interpretieren, zu glauben, also sich vorzustellen und sich darauf zu fixieren, man habe «vom Baum der Erkenntnis» genossen und sei so das Zentrum des universalen Geschehens. Gemäß dem üblichen kindlich-wörtlichen Verständnis, der Mensch habe nicht «vom Baum der Erkenntnis» essen dürfen, müßte es ja unsinnigerweise heißen, GOTT habe die geistige Entwicklung des Menschen nicht gewollt und habe beabsichtigt, daß die Welt in ihrem Anfangszustand stehenbleiben solle.

Des Buddha Lehre und Übungspraxis, wie sie in allen geistigen und methodischen Schulrichtungen gepflegt werden, besteht darin, den

Geist zu reinigen von allen «Vorstellungen», Ansichten und Meinungen, also von jeder insgeheimen persönlichen Ideologie und Konzeptionierung, um eine unvoreingenommene, unmittelbare, klare Wahrnehmung dessen zu bewirken, «was wirklich ist», wie man im ZEN sagt. Auf diese Weise werden die Kräfte der «Wahren Natur» freigelegt und schöpferisch wirksam, weil alles Verstellende und Verdunkelnde beseitigt wurde und das Leben in seiner direkten schöpferischen Lebendigkeit frei.

Damals während der drei Tage in dem oben erwähnten Schloß wurde mir die ZEN-Geschichte «Der Ochse und sein Hirte» keineswegs wie in der heutigen Weise verständlich. Ich hatte sie auch lange Jahre völlig vergessen, aus dem Blick verloren. Aber der eine Satz: «Die Vorstellungen verderben alles», hatte mir damals deutlich meine Situation erhellt, und ich begann unmittelbar, mich ständig unter diesem Gesichtspunkt zu prüfen, wobei ich immer wieder tatsächlich feststellte: Ja, ich lasse nichts wirklich unbefangen auf mich zukommen und stelle ständig Meinungen, Ansichten, Interpretationen zwischen mich und die Menschen und Dinge, die mir begegnen, und ich verderbe mir selbst fortwährend eine unmittelbare, unbefangene und lebendige Erfahrung und Beziehung!

Es drängte mich damals, gegen alle Vernunft und aus einem tiefen und zwingenden intuitiven Gefühl heraus das «märchenhafte Schloß» zu verlassen und zum alltäglichen Leben zurückzukehren. Diese Entscheidung kam ebenso blitzartig wie der Einbruch der ZEN-Geschichte «Der Ochse und sein Hirte» in mein Bewußtsein. Heute weiß ich, daß diese kleine, über viele Jahre hinweg dann «vergessene» Episode im Hintergrund weiter eine wirklich «führende Rolle» gespielt hat, für die ich der göttlichen Weisheit und Fügung überaus dankbar bin.

Die Entwicklung der Menschen nimmt unendlich viele individuelle Formen an, und nichts läßt sich in direkter Weise übertragen. Der Grund, warum ich diese persönliche Begebenheit als Vorwort zu diesem Buch den Lesern vorangestellt habe, ist, daß jeder Mensch auf seinem Lebensweg Situationen und Ereignisse durchlebt hat, welche in ähnlicher Weise Hinweis, Schlüssel und Symbol sind, Zeichen und

Wegmarkierungen, die metaphorisch verstanden und entziffert werden möchten. Hazrat Inayat Khan, der Vater des heutigen in Frankreich lebenden Sufi-Meisters Pir Vilayat Khan, hat einmal gesagt: «Manchmal, in großer Dunkelheit, wenn alles umsonst und vertan scheint, Du ausweglos und ohne Hoffnung bist, verzweifelt und wie in einer Sackgasse, kommt ein Zeichen, ein kleines, geheimes, richtungsgebendes Zeichen: ayath!»

M. Pema-Dorje

I

Tiefe Unzufriedenheit, chronische Unruhe, Sehnsucht

Dies war zu allen Zeiten gleich, ob die Zeiten rosig oder finster waren, die Kulturen aufstrebend oder zerfallend, Krieg herrschte oder Frieden, Wohlstand oder Elend: Die meisten Menschen waren unzufrieden, oft tief unzufrieden, manche sogar deprimiert und am Leben verzweifelnd. Selbstverständlich gab es jeweils gravierende Unterschiede im Bereich der äußeren Lebensmöglichkeiten und Verhältnisse und somit auch der entsprechenden Chancen; potentiell zufrieden sein zu können. So müßte man eigentlich, wenn man horizontal Vergleiche zu anderen Ländern dieser Erde heute und vertikal zu den Lebensverhältnissen unserer Vorfahren und deren Vorfahren zieht, zu dem klaren Schluß kommen, daß es uns heute in Mitteleuropa so vortrefflich geht, daß mit Ausnahme der Menschen, die sehr weit außen am Rande der Gesellschaft leben, die meisten doch sehr zufrieden, glücklich und erfüllt leben. Noch nie zuvor gab es so großen Wohlstand, so großartige Errungenschaften durch Wissenschaft und Technik, so lange Frieden und Unversehrtheit, so viel politische, gesellschaftliche, geistige, moralische und somit also persönliche Freiheit, die Möglichkeit der Reise, der Information und Kommunikation um den Globus herum und zurück bis in älteste Vergangenheit der Geschichte, über alle äußeren und inneren Grenzen von Gesellschaft, Ideologie, Kultur und Religion hinweg, wie eben heute und hier, wo wir leben.

Schaut man jedoch genau hin, so scheint das Gegenteil der Fall: Sehr viel Unzufriedenheit in Angesicht und Augen, sehr viel Unzufriedenheit in Reden und Schriften, sehr viel Unzufriedenheit in gesellschaftlichen und privaten Bereichen! Die Unzufriedenheit scheint tiefer zu wurzeln als nur in den äußeren Bereichen, die durch Wohlstand, Technik und Wissenschaft, Freizeit- und Kulturmöglichkeiten, ja selbst durch Frieden und Freiheit gesegnet sein können. Selbstverständlich, keinesfalls steht alles bei uns zum besten, zumal sich der Blick zunehmend über die eigenen Wohlstands-, Friedens- und Freiheitsgrenzen hinaus auf die ganze Erde und ihren größtenteils desolaten Zustand ausdehnt, aber dies ist nicht der eigentliche, wesentliche Grund unserer tiefen Unzufriedenheit, die wir als einzelne sehr persönlich und schmerzhaft empfinden. Das wird zwar gerne in unserem Bewußtsein herangezogen, weil wir den Widerspruch zwischen unserem Wohlergehen und der doch grundlegenden Unzufriedenheit mit dem Leben nicht auflösen können und dann gleichsam als Alibi das Elend der Dritten Welt, die fehlenden Zukunftschancen für unsere Kinder und Enkel, die Klima- und Umweltkatastrophe usw. zitieren. – Nein, es wäre sehr wohl möglich, daß man die Dinge nicht derart blind durcheinanderbringt. Man könnte, wie es einzelne tatsächlich zeigen, sehr wohl sehr zufrieden, dankbar und sogar glücklich sein über die eigenen Lebenschancen und Möglichkeiten der Entfaltung und auf der anderen Seite als persönlich zufriedener und «runder» Mensch voll engagiert, mit wachen Augen und offenem Herzen sich tatkräftig einsetzen für eine Gesundung und Befriedung der großen Probleme der Erde und Menschheit! Es bleibt also die Frage: Woher rührt unsere persönliche tiefe Unzufriedenheit mit dem Leben?

– – –

Nicht das *Haben* macht zufrieden, sondern das *persönliche Sein!*

Eine andauernde Unruhe ist in uns, solange wir in und mit unserem Körper, in und mit unserem Geist nicht all das entfaltet, entwickelt, hervorgebracht und zum Blühen gebracht haben, was in uns wie in einem Samen angelegt ist. Die chronische Unruhe, die uns umtreibt, weiterjagt, immer wieder alle möglichen äußeren Phantome als erstrebenswerte Ziele ansteuern läßt und eben nicht zu der Ruhe kommen läßt, die wir wohltuend als Frieden und Zufriedenheit genießen könnten, ist das LEBEN selbst, das in jedem Samenkorn, in jedem Ei, in jedem Lebenskeim, in jeder Pflanze, in jedem Tier und in jedem menschlichen Wesen drängt, das ganze innewohnende Potential – «die wahre Natur» – zur Entfaltung und Vollendung zu bringen. Solange dies nicht an uns, in uns und durch uns hindurch geschehen ist, spüren wir trotz bestenfalls idealer äußerer Lebensverhältnisse dennoch instinktiv tiefe persönliche Unzufriedenheit und eine latente Unruhe.

Die allermeisten der Menschen, deren chronische Nervosität, Schlafstörungen, physiologisch-organisch sich manifestierende ständige Unruhe und Gereiztheit mit all den verschiedenen daraus folgenden Schwächen, Dysregulationen und Krankheitssymptomen durch keinerlei Medikamentation und durch keine der traditionellen psychotherapeutischen Bemühungen und Methoden beseitigt werden können, sind ureigentlich auch gar nicht krank, weshalb weder die eine noch eine andere «Therapie» anschlagen und sich heilsam auswirken kann. Diese Menschen sind nicht krank, sondern sind aus irgendwelchen Gründen in ihrem persönlichen Wachstum nicht genügend vorangekommen. Die lebendige Natur mit all ihren einzelnen Anlagen, Aspekten und Qualitäten konnte nicht genügend entfaltet werden und reifen. Die lebendige Natur ist in ihrer Vielschichtigkeit gewissermaßen eingesperrt geblieben, so daß die in ihr codierte göttliche Intention des LEBENS nicht auf das von ihr beabsichtigte Entwicklungsniveau kommen und sich adäquat artikulieren konnte.

Das «Problem» dieser Menschen ist scheinbar paradoxerweise sowohl tiefer als auch sehr viel vordergründiger, als dies die uns vertraute Psychologie, Psychotherapie und Medizin annimmt und als wo sie ihre üblichen Methoden anwendet. Sehr viel vordergründiger deshalb, weil solche Menschen häufig ganz einfach von frühauf einen sehr großen Mangel an persönlichkeitsformenden Zuwendungen hatten, schlicht ausgedrückt, einen Mangel an echter Erziehung. «Der Mensch wird nur durch den Menschen, d.h. nur durch menschliche Erziehung zum Menschen», ist eine klassische alte und einfach formulierte Erkenntnis von Psychologie und Pädagogik. Dies meint, daß ein Mensch in seiner Ganzheit und grundsätzlich möglichen Entwicklung nur gedeiht und zum Blühen kommt, sein menschlicher Werdeprozeß also gelingt, wenn er in ausreichendem Maße von Menschen erzogen, angeregt, geformt und gebildet wird, die ihrerseits das ganze Spektrum menschlicher Qualitäten entfaltet haben. Bei mangelnder menschlicher Erziehung, welche alle Bereiche der menschlichen Natur berührt und einschließt, nicht nur die körperliche Ertüchtigung und intellektuelle, sondern auch die seelisch-emotionale Schulung, nicht nur die für ein Funktionieren in einer technisch-wissenschaftlichen Konsumgesellschaft nötigen Qualifikationen, sondern ebenso Qualitäten und Schönheiten für ein humanes, liebevolles und beglückendes Miteinander aller Lebewesen, erlebt der auf diese Weise nicht genügend zur Entwicklung und Reife gebrachte Mensch nicht nur an allen Ecken und Enden Schwierigkeiten im Zusammenleben mit anderen, sondern erleidet tief aus sich selbst heraus instinktiv den eigenen Mangel. Hier wäre statt Therapie nachträgliche bewußte Selbsterziehung und Training von Körper, Gemüt und Geist wertvoll, wie es echte Yogis aller Zeiten an sich selbst vollzogen haben. Bei Menschen, die bereits lange Jahre vergeblich von einer Therapie zur anderen gewandert und inzwischen regelrecht therapieabhängig sind, weil sich bislang aber auch wirklich gar nichts zum Besseren geändert hat, erweist sich die Lösung ihrer Lebensprobleme als nicht weiter dramatisch und schwierig, sobald sie erkennen und es dann auch mutig eingestehen, daß u.U. eine völlig normale väterlich-mütterliche Erziehung gefehlt hat, die ihnen gewisse Eigenschaften und Fähigkeiten anerzogen und gewisse Allüren, Ungereimtheiten und negative Angewohnheiten aberzogen hätte.

Es sind nicht wenige Menschen, die dann durch einen YOGA, der auf entsprechende Weise realistisch angewendet wird, ganz einfach eine Entwicklung aufholen, die in frühen Jahren verspielt worden ist, die sie aber auf nachträglich therapeutischem Weg nicht hätten verwirklichen können, weil die meisten Therapien auch einen objektiven Krankheitsbefund, eine Art wirklichen Defekt voraussetzt, um greifen zu können. Da in solchen Fällen jedoch kein eigentlicher Defekt vorhanden ist, muß jeder Therapieversuch versagen; im Gegenteil, das Bewußtsein wird auf eine falsche Ebene gelenkt und so noch weiter von der eigentliche Ursache abgelenkt.

Sehr viel tiefer, als Mediziner und Psychologen annehmen, ist das «Problem» dieser Menschen deshalb, weil der Kern, das innerste Wesen ihrer Natur – im Buddhismus spricht man von der «Wahren Na-

tur» –, *die göttlich-kosmische Dimension,* die der ganzen Schöpfung und allen ihren Teilen bis tief hinein ins Innere der Atome innewohnt, nicht angesprochen, nicht zum Leben erweckt, d. h. nicht zur Entfaltung gebracht worden ist und mittels der Prozesse materiell-körperlicher und psychisch-geistiger Bereiche hindurchbrechen und ans Licht treten konnte. Es ist dies das tiefste, ureigentliche Anliegen des LEBENS, welches letztendlich zu kurz kommend, im Menschen so lange Unruhe und Unzufriedenheit entstehen und aufsteigen läßt, bis dieses «Problem» verstanden und gelöst wird. Es ist nichts weniger, als daß der Mensch als Ganzes zum Leben und mit ihm die göttliche Anwesenheit zum Vorschein kommen möchte!
Spiritualität, nicht als religiös-konfessionelle Vereinnahmung oder moralischer Überbau, sondern, recht verstanden, als menschliche Dimension persönlicher Realität und Entfaltungsmöglichkeit, hat in diesem Zusammenhang letztendlich tatsächlich «therapeutische» Wirkung. Sie läßt heil werden, was unheil war, bringt zum Gedeihen, was ins Stocken geraten, und zum Aufblühen, was eingesperrt geblieben war: das LEBEN.

*

Leben ist wie ein Strom: Es muß weiter, muß fließen; es drängt voran und läßt eingesperrt nicht zur Ruhe kommen.
Der Schlüsselaspekt in Goethes Faust, ob Faustens Leben gelingt oder mißlingt, er durch die Engel des Himmels gerettet werden kann oder dem Teufel verfällt, ist nicht, ob er moralisch-sittsam oder gar trocken-prüde lebt, sich also im einzelnen an alle sittlichen Regeln hält, sondern ob er es vermeiden kann, jemals in seinem Streben nach Licht und Erfüllung zu erlahmen und sich verführen zu lassen zu dem Satz und Gedanken: «Verweile doch Du Augenblick, Du bist so schön!» Dies wäre der tödliche Satz, der Satz seiner Verderbnis. Statt dessen der Chor der Engel: «Wer immer strebend sich bemüht, den können wir erlösen.»
Wichtig ist also, die tiefe Unzufriedenheit und Unruhe des Herzens richtig zu deuten. Das Herz selber möchte mehr Licht und Schönheit,

zur Entfaltung kommen mit seinen innewohnenden Qualitäten, aus der «Gefangenheit im Samen des Körpers» hinaus!

Im buddhistischen YOGA ist eine der wichtigen «vier erspießlichen Vorgedanken», die vor jeder weiteren Meditation und Übung zu erinnern und zu betrachten ist: *«Ich bin nicht wie ich bin!»*

Das ICH ist keine festumrissene, eindeutige, isolierte und statische Größe oder Soheit. Es ist vielmehr ein Prozeß, ein Werdevorgang unendlich vieler sich gegenseitig ablösender und sich verändernder Phasen, Zustände und Verfassungen. Heraklit, der griechische Philosoph des 6. Jahrhunderts v. Chr., prägte das bekannte kurze und bündige Wort: «panta rei», alles fließt. Viel eher bin ich das, was ich sein werde, wenn ich geworden bin, was ich noch längst nicht bin. Aber selbst dieser Satz hält noch an dem Trugschluß fest, ich könnte jemals eine endgültige Ichheit oder Soheit sein.

Radikal benennen die ZEN-Meister die Wirklichkeit hinter aller Selbsttäuschung:

«Leere wird Form, Form wird Leere.»

Hier ist «Leere» jedoch nicht als blankes Nichts zu verstehen, sondern als eine gestaltlose, transzendente Wirklichkeit, kosmisches, nicht faßbares und beschreibbares Potential, aus welchem ständig neu diesseitige Realität und Leben entstehen und durch fortwährende Formenentfaltung den ganzen Entwicklungsprozeß der Schöpfung vorantragen. Was in dieser gesamtkosmischen Dimension uns vielleicht sehr abstrakt, weil konkret nur schwer nachvollziehbar, erscheint, solange wir noch nicht den wirklich erleuchteten Blick hinter den Schleier unseres ganz auf die Vordergründigkeit der augenblicklichen materiellen Existenz gerichteten Bewußtseins haben, wird verständlicher, wenn wir schrittweise diese unmittelbare scheinbar feste und unverrückbare Realität genauer in den Blick fassen:

*

Betrachte Deine eigene Vergangenheit, soweit Du zurückverfolgen kannst, sehr klar in ihren einzelnen Zuständen in bezug auf Deine je-

weilige körperliche, seelische und geistige Soheit und dann schließlich wie einen Film in ihrer ständigen dynamischen Veränderung! Du wirst erkennen, daß alles, was Du zu fassen bekommst, vollkommen dem Gesetz von «Werden und Vergehen» unterworfen ist und daß die dahinter dennoch gegenwärtige innere Kontinuität sich Deinem Blick immer mehr entzieht, bis tief in eine innere, nicht mehr faßbare Transzendenz, die im Buddhismus mit «Leere» – shunyata – beschrieben wird. «Aus Leere wird Form, aus Form wird Leere» oder noch kompromißloser und provozierender ausgedrückt:

«Leere ist Form
Form ist Leere.»

*

Niemand möge durch diese letzten Sätze in Verwirrung geraten! Einerseits ist es schon sinnvoll, sich geistig mit solchen Ergebnissen und Zeugnissen erleuchteter Meister gründlich auseinanderzusetzen, um den Intellekt wirklich an den Punkt zu bringen, wo er rechtschaffenerweise, wenn auch u.U. voller Verzweiflung, erkennt, daß er ein völlig untaugliches Werkzeug ist, um philosophierend, theologisierend, also spekulierend und theoretisierend, diesbezüglich zu einem gültigen Schluß zu kommen, und sich endlich bereit findet, vollkommen zu entspannen, um den Geist auf völlig andere Weise, physikalisch ausgedrückt, mit einer völlig anderen Frequenz, solche Realität ausleuchten zu lassen.
Es ist der völlig *ruhige*, völlig *entspannte*, allerhöchst *wache und konzentrierte* Geist, wie er nur durch intensive geistige, *meditative Übungen*, die man «Versenkung» oder Kontemplation nennt, erreicht wird.
Dies ist ein längerer Prozeß der beharrlichen, geduldigen Übung und Schulung.
Also es möge sich beim Lesen dieses Buches an dieser Stelle niemand verwirren lassen, niemand sich aufgerufen fühlen, auf Grund obiger Aussagen schon jetzt voreilig zu einem bejahenden oder verneinenden Schluß zu kommen! Es ist ratsam, zunächst die Aufmerksamkeit

auf unmittelbarere und überprüfbare Bereiche zu richten. Auf alle Fälle jedoch: «Ich bin nicht wie ich bin, sondern stehe mitten in einem großen Entwicklungsprozeß von Leben, welcher in mir und durch mich hindurch und ringsum allüberall sich vollzieht: Bewegung, Veränderung, Wachstum, Entfaltung! So zu sehen, ist das Motiv, welches mich ermutigt, nicht weiterhin ohnmächtig in meinen augenblicklichen Verhältnissen hängenzubleiben, befangen und gefangen, sondern voller Interesse, Mut, Freude und Hoffnung die Frage zu stellen: «Was will das LEBEN in mir und mit mir zur Vollendung bringen? Was ist hinter allen vordergründigen, vergänglichen Erscheinungen die «Wahre Natur» all meiner persönlich erlebten Turbulenzen hinter dem ständigen Auf und Ab, meinem immer wieder erfahrenen Mißlingen und Gelingen, all den Hoffnungen und Enttäuschungen, all den Freuden und Leiden?
Dieser existentiellen vitalen Frage ist dieses Buch gewidmet!

*

Schaue tiefer, fühle tiefer in Dich hinein, tiefer hinein und hinter all die Aufschäumungen Deiner oft von außen erregten und angereizten Gedanken und Emotionen! Schaffe immer wieder Räume der Zurückgezogenheit und Ruhe, in denen Du dann auch innerlich entspannt, ruhig ein- und ausatmend, eine feine Qualität der Wahrnehmung für das gewinnst, was tief aus Deinem inneren Zentrum, tief aus Deinem inneren Kernbereich aufsteigt:

Die tiefwurzelnde ewige Sehnsucht Deines Herzens!

Sie ist es, welche Dir eine untrügliche Richtung weist, Dich spüren läßt und allmählich auch zunehmend verstehen, was das LEBEN in Dir gleichermaßen wie in und durch alle anderen Lebewesen hindurch beabsichtigt, erfüllen und vollenden will. Die innerste Stimme des Herzens, frei und unbeeinflußt von allen äußeren Reizen und Blendungen, offenbart die göttliche Absicht und Richtung und ist zu-

gleich Nährboden und existentielle Verankerung in allen Stürmen des äußeren Lebens.
Lese und meditiere diesbezüglich die sinnbildliche Anekdote des Neuen Testaments»[1]*, in welcher Jesus seine Jünger abends nach getaner Arbeit in dieser vordergründigen turbulenten Alltagswelt «ans andere Ufer» schickt, und vergleiche die Situation und Verfassung der Jünger bei ihrer «Überfahrt» genau mit der Deinigen!*
Wenn Du Dich abends hinsetzt, um in vollkommener Ruhe «ans andere Ufer» zu kommen und hinter aller Vordergründigkeit die essentielle Inwendigkeit zu spüren, das Eigentliche, Wesentliche, wie auch Moses, wenn er auf dem Marsch durch die Wüste am Ende seiner persönlichen Kräfte und Weisheit, aufgerieben durch die alltäglichen Auseinandersetzungen mit seinen Leuten, sich ins «Offenbarungszelt» zurückzog, um mit Gott, dem innersten Seins- und Wesensgrund Zwiesprache zu halten, wenn Du Dich also abends auf diese Weise hinsetzt, um «ans andere Ufer» zu kommen, wirst Du mit Sicherheit Deine Situation mit jener der Jünger vergleichen können. Wenn die Wellen aufschäumen und Dir alle Hoffnung nehmen wollen, Gedanken, Emotionen, Einwände, Argumente und Zweifel Dich überfallen und Du also völlig unterzugehen drohst, dann habe doch Vertrauen und konzentriere Dich intensiver auf die tragende Kraft in Dir selbst, welche als «Sehnsucht des Herzens» aufsteigt und Dir die große Perspektive weist! Die «Wahre Natur» ist in Dir! Du magst sie wie Jesus «Das Reich Gottes» nennen oder wie Buddha «Die Leuchtende Buddha-Natur».

*

«Auf der Suche nach Erkenntnis, Glück und Erfüllung» sein ist nichts anderes als der Weg, die «Wahre Natur» zur Entfaltung und Blüte zu bringen. Solange die volle Erkenntnis, Glück und letztlich Sinnhaftigkeit und Erfüllung des Lebens nicht vollendet sind, wir zumindest jedoch diesbezüglich eine gewisse Qualitätsstufe erreicht haben, werden wir durch Unzufriedenheit, innere Unruhe und quälende Sehnsucht zu ihrer Erreichung angetrieben. Diese scheinbar negativen, weil schmerzlichen Empfindungen sind also geradezu der wirklich positive Impuls, sofern wir uns nicht selbst lähmen und festnageln durch eine fatalistische Einstellung, die denkt: «Alles ist eben so wie es ist, und ich bin so wie ich bin.»

«Auf der Suche» bedeutet also, sich auf den Weg zu machen, nicht stehen- und hängenbleiben, um nichts weniger ausfindig zu machen als wirklich echte Einsicht und *Erkenntnis,* bleibendes, unverrückbares *Glück* und letzthinnig *Erfüllung.*

Die Reihenfolge dieser drei wertvollen Qualitäten ist nicht zufällig. Zunächst ist es tatsächlich sinnvoll, sich vordringlich um Wahrheit-Klarheit zu bemühen, um trugfreie Einsicht und *Erkenntnis* hinter aller Illusion und Selbsttäuschung zu gewinnen. Ohne dieses ist weder dauerhaftes Glück noch erst recht letzte Erfüllung des Lebens möglich. Leben läßt sich nicht am LEBEN, der großen absoluten Wirklichkeit oder Realität vorbei zur Blüte bringen!

Befriedigung und *Glück* stellen sich zunehmend ein, wenn der Mensch völlig in die großen Gesetze der Schöpfung und Natur eintaucht und deren Diener bleibt, anstatt deren eigensinniger Manipulator. Christen können sagen: «Das Paradies ist möglich, wenn man sich nicht gegen Gottes Willen stellt», und Buddhisten meinen nichts anderes, wenn sie es anders ausdrücken: «Befreiung von allen Leiden und letztlich Glückseligkeit ist möglich, wenn der Mensch nicht egozentriert, sondern ‹dharmaorientiert›[2] lebtund handelt.»

Erfüllung des Lebens› wird erlebt, wenn jegliche Ichhaftigkeit oder Ichillusion aufgelöst ist, und wenn das letztendlich an uns und durch uns hindurch geschehen kann, was der große noch lebende Sufi-Meister Pir Vilayat Khan so ausdrückt: «GOTT kommt in uns und durch uns und als uns zu sich.»

Hier wird der Mensch Erbe des Himmels, hat «das andere Ufer» endgültig erreicht, hat die «Wahre Natur» vollkommen in sich aufblühen lassen.

II

Vorbereitende Betrachtungen und Ratschläge für den Weg

Im folgenden Teil dieses Buches werden wir nun versuchen, Schritt für Schritt einen Weg zu beschreiben, der genau dort beginnt, wo wir uns mit Körper, Gemüt und Geist unmittelbar befinden, um praktisch und wirklich zumindest etwas von dem auch tatsächlich selbst zu erfahren, was oben zusammenfassend angedeutet worden ist. Als Hinführung zu einer solchen Praxis kann es sinnvoll sein, mit Worten gewisse Zusammenhänge anzudeuten. Es hat dies jedoch keine größere Bedeutung als wie Hinweisschilder für einen Weg und ein Ziel, die nur dann tatsächlichen Wert haben, wenn der Weg persönlich beschritten und das Ziel selbst auch erreicht wird. Nicht die Beschreibungen also sind von Bedeutung, sondern letztlich nur die eigene Erfahrung. Karlfried Graf Dürckheim hat ein gutes Buch geschrieben mit dem Titel «Erlebnis und Wandlung»[3]. In unserem Zusammenhang könnte man diesen Titel umdrehen: «Wandlung und Erlebnis». Die persönliche Veränderung, Wachstum und Verwandlung auf der Wegsuche nach Erleuchtung und Erfüllung sind die Voraussetzung für deren tatsächliches Erleben.

Den buddhistischen Weg zeichnet bei all seinen verschiedenen einzelnen Schulrichtungen gemeinsam aus, daß ein besonderer Akzent und Wert auf «die Verwirklichung» gelegt wird, nicht so sehr auf Übernahme und Ausfeilung von Theorie und Dogmatik, wiewohl auch sie natürlich vorhanden sind. Nicht was Du weißt, ist von sehr großer Bedeutung, was Du also im Kopf *hast*, sondern was bzw. wie Du *bist*! – Zuerst hören, dann erwägen und verstehen, dann es in und an Dir verwirklichen! Diesem Prozeß dienen all die vielfältigen subtilen Methoden und Übungen, die in den «Drei Fahrzeugen»[4] gelehrt und praktiziert werden. Weil eben diese Verwirklichung in all den Jahrhunderten der lebendigen Geschichte des Buddhismus so sehr im

Mittelpunkt der Bemühungen gestanden hat, konnten vielfältige, sehr tiefgreifende und psychologisch wirksame Methoden und Praktiken entwickelt werden und ausreifen, ein Erfahrungsschatz, aus welchem die moderne westliche Psychologie und Psychiatrie bereits sehr viele Impulse und Erkenntnisse entnehmen konnten und der immer noch überall dort gewonnen wird, wo man bereit ist und fähig, östliche Weisheiten nicht nur als solche zu belassen, irritiert durch fremdartige und teilweise zunächst befremdende Bilder, Symbole und Riten, sondern diese als allgemeinmenschliche Erfahrungen und Gesetzmäßigkeiten zu verstehen und in einer uns adäquaten Weise anzuwenden. Dies ist manchmal nicht ganz leicht. Es wird immer wieder sinnvoll sein, nicht nur äußerlich nachzuahmen oder gar nur Einzelheiten herauspickend halbblind zu adaptieren, was u. U. sogar gegenteilige, also unheilsame Auswirkungen haben kann, sondern ernsthaft den eigenen Geist zu vertiefen, ohne Zusammenhänge auseinanderzureißen, und vor allem immer wieder kompetente Lehrer aufzusuchen, um Schritt für Schritt ein wirkliches Verständnis für das zu gewinnen, was im Osten jahrhunderte- und jahrtausendalte Erfahrung und Kenntnis über die inneren Gesetzmäßigkeiten des Lebens ist. Leben und seine Gesetzmäßigkeit betrifft *alle* Menschen und *alle* Zeiten und ist nicht Privileg oder Geheimsache des Ostens oder des Westens, des Nordens oder des Südens! So können wir alle voneinander lernen.

In einer Zeit der erdumfassenden Kommunikation, der erdumfassenden wirtschaftlichen, politischen und menschlichen Abhängigkeit wäre es töricht, rückständig und unheilvoll, sich weiterhin geistig gegenseitig abzuschotten und in engstirniger Eigenbrötelei die eigene Kultur, Religion und seine geistigen Konzepte in ausschließender Konkurrenz zu den anderen zu stilisieren, ohne zu begreifen, daß die Zukunft der Erde und Menschheit wesentlich davon abhängt, ob es zuallererst den Repräsentanten der maßgeblichen Religionen und Konfessionen gelingt, die subalterne Denk- und Einstellungsweise aufzulösen, welche die großartigen Religionen mit ihren vielfältigen Weisheitsschätzen zu nur um Einfluß kämpfenden «religiösen Trachtenvereinen» verkommen läßt.[5] Die Einheit der Schöpfung und das

Gedeihen der Menschheit gelingt nicht mit Hilfe der Durchsetzung irgendeines konzeptionellen Standpunktes, sondern nur im schöpferischen Zusammenspiel der vielfältigen Aspekte und Ausformungen. Was im politisch-gesellschaftlichen Bereich diesbezüglich Geltung hat, gilt primär ebenso im Bereich des Geistigen und der Spiritualität. Jedweder Alleinvertretungsanspruch ist archaisch! Er ist subaltern und gewaltsam-diktatorisch und widerspricht einer gesunden Entwicklung und Reifung der Menschheit. Auch für den einzelnen Menschen des bald beginnenden 21. Jahrhunderts kann die Begegnung, Berührung und Konfrontation mit anderen Kulturbereichen fruchtbringend eine ganz persönliche Herausforderung sein, eigene festgefahrene, erstarrte, leb- und kraftlos gewordene Standpunkte ganz neu zu prüfen, unter Umständen zu verändern, auf alle Fälle aber sich durch persönliche Auseinandersetzung bereichern, entwickeln und reifen zu lassen.

Die vorliegende ZEN-Geschichte, eine Folge von 10 Bildern mit dem Titel «Der Ochse und sein Hirte» von Meister Kakuan (Chinesischer Meister im 12. Jahrhundert) ist eine kompetente Darstellung der Entwicklung vom LEBEN im Menschen bis zu seiner vollendeten Reife. In äußerster Knappheit und Präzision werden durch Bild, Kurztext und Kommentar zehn Phasen auf dem Weg zur Erkenntnis (Erleuchtung), zu Glück und Erfüllung beleuchtet und ihre wesentlichen Merkmale skizziert. Es sind wirklich grundmenschliche und insofern allgemeingültige Erfahrungen und Verfassungen, wie sie jeder erlebt, der «auf der Suche» ist und sich auch tatsächlich auf den Weg macht, um das Ziel zu erreichen. Es handelt sich dabei nicht um ein lineares Fortschreiten, sondern um eine große Kreisbewegung, die letztendlich an den ursprünglichen Ausgangspunkt zurückführt. Derjenige jedoch, der zurückkehrt, ist ein verwandelter, geläuterter, gereifter, vollendeter Mensch und insofern also ein ganz anderer als derjenige, der fortgegangen ist.

panta rei: alles ist in Fluß.

In 4 «vorbereitenden Betrachtungen» kann nun der Leser geistig-theoretisch und mit Hilfe praktischer Übungen sich selbst in eine

Verfassung versetzen, die es ihm gut ermöglicht, Meister Kakuans Weg «auf der Suche nach Erkenntnis, Glück und Erfüllung» mitzuverfolgen und möglicherweise sogar als einen beginnenden oder fortschreitenden eigenen Entwicklungsprozeß innerlich mitzuerleben und zu intensivieren.

Anschließend im Dritten Teil dieses Buches wird Meister Kakuans «Der Ochse und sein Hirte» dargeboten und werden dem modernen Sucher die einzelnen alten Bild- und Wortsymbole verdeutlicht.

1. Sammlung, rechte Haltung und Besinnung

Bevor wir uns gemeinsam auf den Weg machen können, müssen wir uns zuerst wirklich einfinden, ankommen an einem günstigen Ausgangspunkt. Zunächst einmal «*wirklich ankommen*», hier und jetzt, wie die ZEN-Meister sagen, in der unmittelbaren Gegenwart! – Dies bedeutet, aus aller Zerstreutheit des Geistes zurückzukehren, sich zu sammeln, die Aufmerksamkeit konzentrisch auf die Unmittelbarkeit zu richten, jede Ablenkung durch die Sinnesorgane oder den Geist zu vermeiden. «Ankommen an einem günstigen Ausgangspunkt» bedeutet auch wirkliches Loslassen, Hintersichlassen, Sichherauslösen aus jeder Art Gefangenheit und Befangenheit. Tagsüber und für den gewöhnlichen Alltag ist es selbstverständlich richtig und wertvoll, wenn wir uns «mit Leib und Seele», mit allen Kräften des Körpers, des Herzens und des Geistes auf das Leben mit seinen tausendfältigen Gesichtern, Formen und Qualitäten einlassen, uns ganz hineinbegeben in die Turbulenz des Geschehens, um selbst dabei schöpferisch gestaltend mitzuwirken, auf die Ereignisse einzuwirken, selbst ganz eintauchend sich berühren, bewegen und erregen lassend, sich so also auf alles einlassend, daß man wirklich «ganz da» ist, mitten und voll im Leben stehend, wie man sagt, hier auf dieser Erde!

Dann jedoch kommt immer wieder die Zeit, wo es sinnvoll und wichtig ist, daß man sich ebenso auch wieder aus all der äußeren Turbulenz löst, heraus aus den vielfältigen Beziehungen und Abhängigkeiten, Verbundenheiten und Verpflichtungen, um nicht darin gefangen oder eingesperrt zu werden oder, darauf fixiert und ohnmächtig den Verhältnissen und Situationen ausgeliefert, hilflos durch irgendwelche «Sachzwänge» versklavt zu sein, letztlich ohne Freiheit und Souveränität. Wie ein Schwimmer kann man getrost eintauchen in die wogenden Elemente des alltäglichen Lebens – ohne dies zu tun, kommt man überhaupt nicht voran –, aber ein gewisser Teil vermag sich immer wieder darüber hinaus zu erheben, für kurze Zeit nur, um neu Luft zu holen, die Richtung wahrzunehmen, das Ziel zu orten und vor allem, um nicht blindlings unterzugehen. Der Kopf, Symbol für ein höheres Bewußtsein, welches nicht hängenbleibt oder untergeht in den auf- und abwallenden Angelegenheiten und Kräften des gewöhnlichen Lebens, wird vom Schwimmer in rhythmischem Takt immer wieder freigesetzt, bekommt den nötigen Raum, Atmungsraum. Dies gilt für uns ebenso, wenn wir nach dem Tagesgeschehen uns zurückziehen, uns hinsetzen und tief ausatmend zunächst einmal die ganze Bewegung des Tages bewußt hinter uns lassen und die wache Aufmerksamkeit auf die Körperhaltung richten:

«*aufrecht, locker, gelöst und ruhig*».

«Ankommen» bei sich selbst, sehr unmittelbar bei sich selbst, ist konkret die bewußte Wahrnehmung der eigenen Verfassung und Haltung, eine Wahrnehmung, welche zugleich wohlwollend und klar ist und u. U. unmittelbar korrigierend und verbessernd eingreift. Dies bezieht sich jedoch keinesfalls nur auf den Körper, wiewohl er die erste Station solcher Aufmerksamkeit und Sammlung ist, sondern genauso auf den Geist, das Bewußtsein selbst. Auch die innere geistige Verfassung in diesem «aufrecht, locker, gelöst und ruhig» verweilenden Körper gewinnt auf solche Weise mehr Qualität: «*Ruhig*», d.h. ohne gedankliche Bewegungen und Aktivitäten, «*locker und gelöst*», d.h. wirklich entspannt und ohne verkrampfte Anstrengungen oder Festsitzen in irgendwelchen Problemen, Konflikten, Erlebnissen, Aufgaben oder Planungen, und «*aufrecht*», d.h. wirklich wach, konzentriert und mit kontinuierlicher Aufmerksamkeit. Auf diese Weise an einem günstigen Ausgangspunkt ankommend, ist es möglich, einen neuen, anderen Standpunkt zu finden, von welchem aus man u. U. das Leben von einer ganz anderen Seite aus sehen und verstehen kann:

mit mehr Abstand,
mit mehr Ruhe,
mit mehr Überblick und Höhe,
indem man also «einen höheren Standpunkt»
einnimmt als gewöhnlich.

Die praktischen Übungen vor und während der einzelnen Kapitel haben die Intention, das Bewußtsein darauf vorzubereiten, letztendlich hinter die eigene Kulisse schauen zu können. Dies verlangt sehr viel Geduld und Beharrlichkeit! – Anfangs, wenn es noch nicht genügend spontane oder trainierte Fähigkeit zu Geduld und Ausdauer gibt, ist wirklich *Disziplin* nötig. Es ist zunächst die Disziplin, z. B. zu jedem gemeinsamen Übungsabend zu kommen, sich durch keine schwankenden Launen davon abhalten zu lassen oder sich täglich einmal eine halbe Stunde zurückzuziehen, um sich, wie oben erwähnt, hinzusetzen, absolut ruhig, entspannt und mit konzentrierter Wachheit: *Einen anderen Standpunkt gewinnen*, von dem aus man das Leben neu betrachtet, ungestört, klar und zusammenhängend!

*

«Auf der Suche» zu sein ist etwas, das alle Menschen miteinander verbindet; unterschiedlich jedoch ist, was sie suchen.

Was suchst Du? – – –

Die meisten Menschen werden spontan bekennen können, was ihnen fehlt, was sie vermissen und was sie somit suchen. Die wenigsten allerdings werden ausdrücken können, was sie eigentlich, letztendlich und hinter allen Vordergründigkeiten wirklich suchen. Vieles sucht man, möchte es finden und erhalten, was, wenn gefunden, keineswegs die Befriedigung mit sich bringt, deretwegen man es erstrebt hatte. Es waren nur Trugbilder, Scheinträume, Illusionen und Täuschungen. Die Frage ist also:

«Was suchst Du eigentlich hinter all dem, was Du suchst?» – – –

Eine solche Frage läßt sich nicht ad hoc endgültig beantworten. Spontan zeigt sich allermeist nur die Peripherie. Aber auch diese ist nicht ganz unerheblich. Dort ist für den fragenden Geist der unmittelbare Ansatzpunkt, von welchem aus man tiefer und tiefer forschen, erspüren, ausloten kann, bis man an den Kern gelangt, an das, was wesentlich und wesensgemäß gesucht wird. Dieser unmittelbare Ansatzpunkt ist für jeden Menschen ein anderer:

1. Man sucht nach einem verlorenen Gegenstand, nach verlorengegangenen Stimmungen und Erlebnissen, nach Menschen und bestimmten konkreten Lebensmöglichkeiten.
2. Man sucht nach Problemlösungen für eine augenblickliche schwierige Situation, nach einem Weg aus einer verfahrenen Angelegenheit, nach einem Ausweg aus irgendeiner Sackgasse.
3. Man sucht nach mehr Lebensqualität, nach einem höheren Niveau; man strebt nach persönlicher Entwicklung, der Entfaltung bestimmter Fähigkeiten und Qualitäten bei sich oder in seinem Lebensumfeld.
4. Man sucht nach den «letzten Dingen», nach Vollkommenheit und Erfüllung dieses Daseins, nach absoluter Wahrheit-Klarheit, SINN und Vollendung.

Lasse jetzt anschließend Deine Aufmerksamkeit eine viertel Stunde lang auf der Frage ruhen:
«Was suche ich eigentlich und wesentlich hinter all dem, was ich vordergründig suche?» – – –
Ergrüble diese Frage nicht, erfinde Dir nicht gedanklich-konstruierend die Antwort, sondern laß Dir möglichst eine fühlende Ahnung aus der Tiefe des Herzens aufsteigen! Behalte während der nächsten Tage diese Frage in Deinem Hinterkopf und beleuchte sie immer wieder neu! Mache Dir die Antwort nicht selbst! Dort wird nur die Täuschung geschaffen, durch die Du immer wieder ent-täuscht werden mußt.

2. Überblick und Klarheit gewinnen

Wenn Du durch die Tür des Meditationsraumes oder Deines Zimmers gegangen bist, ziehst Du die Schuhe aus, was bedeutet, daß Du nicht halb draußen bleibst auf der Straße, sondern wirklich ganz hereinkommst. Nicht nur äußerlich Mantel und Schuhe ablegen, sondern auch im Kopf selbst! Für zwei Stunden sich lösen von allem, worin man eingebunden ist, vielleicht sogar verstrickt und gefangen. Lockerlassen, loslassen, sich herauslösen, Last ablegen wie ein Wanderer seinen Rucksack, um sich für eine Weile niederzulassen, einzulassen auf Ruhe und Entspannung. Eine «Insel der Ruhe» schaffen mitten im Alltag, auf der man wohltuend einen anderen Standpunkt gewinnt. Darum jetzt die Aufmerksamkeit von allem lösen, was außen ist, zur Vergangenheit oder zur Zukunft gehört, und statt dessen ganz auf die unmittelbare Gegenwart richten! Das nennt man die «Sammlung des Geistes im Hier und Jetzt». – Tief ausatmend aufatmen und entspannt, ruhig und mit wacher Bewußtheit zunächst eine Schale Tee trinken.

*

Wenn es im Leben nicht gut geht, man nicht recht vorankommt, alles stockt, sich in «ungutem Fahrwasser» befindet, sich an allen Ecken und Enden widersetzt, dann nicht drauflosrennen, keine übereilten Aktivitäten! Zu große Aufregung, zu schnelle Lösungsversuche schaffen neue Verwirrung und vergrößern eine Hektik, die letztendlich in Panik mündet. Hektik und vor allem Panik sind geprägt von Blindheit. Es fehlt weitgehend die notwendige Klarheit des Geistes. So passiert zusätzliches Unglück, Schaden, Verletzung, negative neue Ursachen und Wirkungen. Wenn also Nervosität, Aufgeregtheit, Aufgebrachtheit und Schwierigkeiten vorhanden sind, zuerst einmal «Stop»! Es ist sinnvoll, zunächst etwas Abstand zu nehmen und dadurch Raum zu schaffen, um einen gewissen Überblick über die Gesamtlage gewinnen zu können. Man muß zuerst sehen, wo ein geeigneter Weg ist und wie er verläuft. Der Weg ist die realistische Grundlage für die Suche. Nicht jeder Weg ist sinnvoll! Es gibt Wege, die «zu nichts führen», Wege, auf denen man sich im Kreis dreht, Wege, die in eine Sackgasse führen oder einfach nur «Holzwege» sind. – Man sagt oft: «So geht es nicht weiter.» Gut! Aber wo und wie kann es weitergehen? – Hier fehlt Klarheit! Manche Wege im Leben geht man «blind»; sie sind Routine, Angewöhnung; man geht sie einfach ohne Hinterfragung, ohne jeden Zweifel, ohne allzu große Bewußtheit; man merkt gar nicht, daß manche davon zu nichts führen oder nur immer im Kreis herum oder gar allmählich in die Irre gehen.

Ein kluger Wanderer läuft nicht nur einfach drauflos. Dann und wann macht er halt, legt den Rucksack ab, setzt sich in Ruhe hin, verschnauft eine Weile und nimmt dann seine Landkarte, um im großen Überblick das ganze Land zu sehen, woher er kommt, wo genau er sich gerade befindet und wohin er will. So auch im Leben! Spätestens dann, wenn man bemerkt, daß man nicht recht vorankommt, man sich u.U. sogar in irgendeiner Weise «verrannt» hat, ist es Zeit, daß man sich ganz neu auf der «Landkarte des Lebens» orientiert, die äußeren und inneren Verhältnisse genau in den Blick nimmt und registriert, was natürlicherweise anliegt.

*

Welcher Art also sind augenblicklich die äußeren und welcher Art sind die inneren Verhältnisse Deiner Lebenslandschaft? – Was liegt an? – Was erfordert das Leben außen und innen? – Welches sind die äußeren und inneren Bedingungen, Konstellationen, Dispositionen und augenblicklichen Aktualitäten?

Unser Bewußtsein wird sehr leicht durch partielle starke und suggestive oder durch nur subjektiv-relevante Reize gefangen und besetzt, einseitig gefärbt und häufig regelrecht geblendet, so daß der weitaus größere Teil einer Situation oder des allgemeinen Umfeldes nicht wahrgenommen und berücksichtigt wird. Unsere Orientierung ist also einseitig und zumeist sehr oberflächlich.

Zu wenig Klarheit! Versuche, Klarheit zu gewinnen…

*

So bleibt selbst zwischen Menschen, die glauben, sich gut zu kennen, oft sehr viel Blindheit, Unwissenheit und Mißverständnis. Die meisten ernsthaften Enttäuschungen, Partnerschafts- und Eheprobleme haben hier ihre eigentliche Ursache. Zumeist liegt die Problematik gar nicht darin begründet, daß das Naturell der beiden grundsätzlich nicht gut in Einklang zu bringen wäre oder sich nicht furchtbringend ergänzen könnte, schon gar nicht dort, wo sich die Schwierigkeiten symptomatisieren, sondern im Mangel an gegenseitiger klarer und umfassender Wahrnehmung. Man sieht zu wenig und zu wenig tief in den anderen hinein und bleibt fixiert auf wenige herausragende Aspekte und Faktoren. Der Mensch kann sich auf diese Weise kaum je verstanden, akzeptiert und geborgen fühlen, wenn man sich durch den Partner immer wieder reduziert fühlt auf die wenigen von ihm wahrgenommenen Merkmale und Eigenschaften. Es fehlt der *Raum*, in den hinein man sich entwickeln und wachsen könnte, um das eigene Wesen mit den unendlich vielen einzelnen Dimensionen zu entfalten und in offener Begegnung und Auseinandersetzung mit dem Gegenüber und DU auch korrigieren und reifen zu lassen. Beiderseits findet durch mangelnde Wahrnehmung eine gegenseitige Behinderung des persönlichen Werdegangs statt. Dieser *Raum*, der häufig fehlt, ist nichts anderes als die wache, offene, weite und tiefe, vor allem aber aufnahmebereite und klare Bewußtheit und Wahrnehmung der Mitmenschen und in besonderer Weise des DU.
Die meisten Menschen stehen sich gegenüber wie vor Häusern mit verschlossenen Läden und Türen. Man sieht scheinbar genau: Ah ja, da ist das bekannte weiße Haus mit den braunen Läden und dort das

dreistöckige mit den altdeutschen Türen und besonders großen Fenstern! Aber, man schaut nie hinein. Man weiß wohl, wer drinnen wohnt, aber man hat nie einen unmittelbaren lebendigen Eindruck von dem gewonnen, wie es innen aussieht und was innen vor sich geht. Man steht voreinander, ohne je wirklich Einlaß gefunden zu haben. Man ist gegenseitig weitgehend «zu», verschlossen und nimmt nur phraseologisch Anteil am anderen.
So schätzt man häufig eine wirkliche Situation oder Reaktion falsch ein und weiß nicht, ob es «Frühjahr, Sommer, Herbst oder Winter» ist in bezug auf eine bestimmte Angelegenheit. So führen alltägliche Begebenheiten zwischen Menschen, die sich gut zu kennen glauben, immer wieder zu Mißverständnissen, Ärger und Enttäuschung verursachenden Reaktionen und Verhaltensweisen und werden zum harmlosen Ausgangspunkt für eine unselige Verkettung von Mißverstehen und problematischen Lebenssituationen.

Überprüfe zunächst ernsthaft Dein Verhältnis zu den Mitmenschen, mit denen Du täglich zu tun hast, bevor Du weiterliest! – – –

*

Viele Menschen stehen so auch sich selbst weitgehend fremd gegenüber, wie vor einem verschlossenen Haus, obwohl es ihr eigenes ist. Sie finden Zugang nur zu den äußeren, relativ peripheren Bereichen und nicht zu den inneren und eigentlichen, weil wesensnahen Lebensräumen. Es besteht im Laufe der Jahre ein Konflikte und Spannungen verursachender Widerspruch, zumindest aber eine unüberbrückbare Distanz zwischen der inneren Natur ihres Wesens und dem nach außen gerichteten und von außen her geprägten Bewußtsein. Die meisten sind sich dessen keineswegs bewußt und werden unter Umständen an dieser Stelle mit dem Kopf schütteln, als beträfe sie das überhaupt nicht. Dennoch gibt es auch in ihnen immer wieder Spannungen, Schwierigkeiten und nicht recht greifbare Ungereimtheiten, die sich gelegentlich zu regelrechten Problemen oder gar Konflikten

auswachsen. Solche Spannungen entstehen häufig unbewußt innerhalb des Menschen und werden dann zur dunklen Ursache von mancherlei Unwohlsein, diffuser Mißgelauntheit, Gereiztheit, Nervosität, Schlaflosigkeit oder regelrecht physiologischer Erkrankung. Sie können aber ebenso zu Störungen in den Beziehungen zu Mitmensch und Umfeld führen, da innere Ungereimtheit und Spannung von der unbewußten Psyche gern nach außen auf die umliegenden Verhältnisse projiziert werden. Es ist dies ein genügend bekanntes Phänomen psychischer Abwehr, Ablenkung und «Verdrängung durch Projektion». Man spricht in diesem Zusammenhang auch von den «blinden Flecken», welche die Psyche als solche aufrechterhält, um in ihren wahren Verhältnissen nicht erkannt zu werden.
Es gibt jedoch auch solche Menschen, die in irgendeinem *Teilbereich* von sich selbst wie eingeschlossen sind, gefangen in sich selbst und so nicht genügend deutlich und konkret auch wahrnehmen, was außen vor sich geht. Das Bewußtsein kreist mehr oder weniger um sich selbst bzw. bleibt irgendwo im Ichbereich hängen und bleibt blind für alles, was darüber hinaus relevant ist. Es ist mangelnde Wahrnehmung und Bezug nach außen in die Welt.
In allen Fällen ist zu schwache Bewußtheit und Klarheit für das große äußere und innere Panorama des Lebens der Grund dafür, daß zu wenig Gesamtorientierung, Überblick und Perspektive verhanden sind. Zwangsläufig häufen sich dann Schwierigkeiten und Widernisse und können nicht adäquat aufgelöst oder beantwortet werden.

Mehr Klarheit in der Lebenslandschaft!

*

Man unterscheidet eine äußere Lebenslandschaft und eine innere, die geprägt ist durch das Erbgut und durch das, was man im Laufe der persönlichen Lebensgeschichte von außen absorbiert und integriert hat: die Welt der Emotionen, Gedanken und nur selten bewußt werdenden Speicherungen. In bezug auf diese äußere und innere Lebenslandschaft läßt sich fragen:

Wo befinde ich mich?
Was ist da eigentlich?
Was geschieht da?
Welche Rolle habe ich da?
Was suche ich da?

Es ist gar nicht so einfach, diese Fragen ohne Täuschung und Illusion zu beantworten. Sinnvoll könnte es sein, mit Hilfe eines vertrauenswürdigen Lehrers die diesbezüglich egozentrisch gefärbte und somit eingeschränkte Sehweise zu überwinden und zu einem klareren und unbefangeneren Blick und Verständnis zu gelangen. Allein die Frage «Wo befinde ich mich?» hat Aspekte und Dimensionen, die ich aus eigener Anschauung heraus u. U. gar nicht in Betracht ziehe. Es ist z.B. gar nicht nur die Frage nach der unmittelbaren Lebensumgebung von Partnerschaft, Nachbarschaft, Wohngemeinde, Berufsfeld, Land und Gesellschaft, sondern auch die Fragen:
Wo befinde ich mich innerhalb meiner Entwicklung vom Säugling zum selbstlos-reifen Erwachsenen?
Wo befinde ich mich zwischen Geburt und Tod?
Wo befinde ich mich zwischen Blindheit, Unwissenheit und Erleuchtung?
Wo befinde ich mich zwischen Materie und Geist?
Wo befinde ich mich innerhalb der allgemeinmenschlichen Entwicklung?
Wo befinde ich mich zwischen Himmel und Hölle?

*

Solche Fragen können in Begleitung mit einem guten Lehrer differenziert untersucht und geklärt werden, was die persönliche Vorwärtsentwicklung stark in Bewegung zu setzen vermag. Dabei will das innere Selbst, das LEBEN im Kernbereich meiner Existenz etwas anderes als mein vordergründiges ICH, das, unter dem Diktat von Lust/Unlust stehend, nur vordergründige, augenblickliche Annehmlichkeit und Beschwerdelosigkeit sucht. Darum ist es nötig, wirklich Klarheit zu gewinnen über das Anliegen des LEBENS in mir und über den entsprechend angebrachten und besten Weg. Hierfür lernt man, Körper und Geist völlig zu lockern, zu entspannen und zu beruhigen, um dann einen ebenso ruhigen, offenen und ungetrübt-klaren Bewußtseinsblick gewinnen zu können.

Einsicht, Sehen, was wirklich ist hinter aller Fassade von ICH und DU, DU und Welt.

Einsicht, Sehen, was wirklich ist hinter der augenblicklichen angenehmen oder schwierigen, verfahrenen oder einfach unfruchtbaren Lebenssituation!

3. Beginn der schöpferischen Aktivität

Erst einmal *ankommen* an dem Ort, an welchem man sich befindet! Ganz da sein! Ganz da sein wie eine Pflanze, die an dem Platz, an dem sie steht, ihre Wurzeln tief ins Erdreich eingesenkt hat – tiefgründig, hintergründig – und dort Halt und Nahrung findet. So wie nach innen, entfaltet sie sich mit ihrem Zweig- und Blattwerk weit nach außen in den Raum der Welt und schafft zwischen den innersten Wurzelfasern und den äußersten Blattspitzen eine durchgehende Transparenz, Durchlässigkeit, lebendige Verbindung und Einheit. Eine Pflanze ist «ganz da», wenn ihre innersten Bereiche und Funktionen mit ihren äußersten Bereichen und Funktionen in ungestörtem Austausch stehen. Ist eine Pflanze nicht «ganz da», verkümmert sie, verhungert, verdurstet, vertrocknet oder wird vom Wind niedergerissen.

*

Wenn Du zum Geistigen YOGA[6] kommst, suchst Du etwas; Du suchst etwas zu erreichen. Also, erinnere Dich: Nicht blindlings losrennen und irgendwelche Übungen praktizieren, keine voreiligen, unüberlegten Aktivitäten! Statt dessen zunächst «ankommen», ganz da sein, wie eine Pflanze, wie ein Baum, die wache gesammelte Aufmerksamkeit nach innen bis in den Wurzelgrund und ebenso nach außen in die Lebenslandschaft! – Wirklich ankommen und ganz da sein, um somit eine gute Ausgangsposition zu schaffen für die «Suche nach Erkenntnis, Glück und Erfüllung». Dieses Ankommen ist ein Prozeß unseres Bewußtseins, eine gesteigerte Wahrnehmung von dem, was ist, konzentrierte Aufmerksamkeit hier und jetzt, ohne jede gedankliche Weitschweifigkeit und Verzettelung.

Zunächst nimmt man bewußt wahr, «wo man sich befindet». Das Bewußtsein ist ganz auf den unmittelbar umgebenden Raum gerichtet mit all den Menschen, anderen Lebewesen und vielfältigen Dingen. Alle fünf Sinnesorgane und das geistige Organ[7] sind wie Radarantennen auf Empfang gestellt und spiegeln das Vorhandene ruhig und klar. Dabei sollten keine Gedankenreaktionen, kein inneres Argumentieren und Kommentieren das bewußte «Sehen, wo man ist» beeinträchtigen.
Nach einer Weile richtet sich das Interesse und die Aufmerksamkeit auf die Frage: «Wie befinde ich mich» hier und jetzt an diesem Ort? Also, richte Deine Aufmerksamkeit dann deutlicher auf Dich selbst, auf Deine Körperhaltung und -verfassung und prüfe sie an den drei Qualitäten:
«aufrecht, locker und gelöst, ruhig»!
Ebenso bemerke anschließend den Zustand Deines Geistes!

> *ruhig?*
> *locker und gelöst?*
> *aufrecht (wach und konzentriert)?*

Als Drittes nun ist man bemüht, die körperliche und geistige Verfassung und Haltung zu verbessern:

> *aufrechter und kraftvoller mit Körper und Geist,*
> *entspannter in allen Körperteilen und im Geist,*
> *ruhiger mit Körper und Geist.*

*

Dies ist die erste wirklich schöpferische Aktivität, mit deren Hilfe man sich in eine möglichst gute Ausgangsverfassung bringt. Es ist für den weiteren geistigen Weg wichtig, daß man diese vorbereitende Phase nicht einfach unbeachtet überspringt. In diesem Anfangsstadium vermögen wir natürlich noch nicht Einsicht bis ins innerste Wurzelwerk unseres Wesens zu gewinnen; aber immerhin haben wir praktisch be-

gonnen, die Aufmerksamkeit zu sammeln und den Blick auf uns selbst gerichtet nach innen zu lenken.
Jetzt gilt es in einer ähnlichen Weise, den Blick auch nach außen in den alltäglichen Lebensraum zu richten:

a) «Wo stehe ich?» Wo, in welcher Art äußerer Lebenslandschaft befinde ich mich?
Um eine grundlegende Orientierung und weitreichende Perspektive zu gewinnen, ist es gut, über die unmittelbare persönliche Lebenslandschaft hinauszusehen mit der Frage: In welchem größeren Bezugsraum von LEBEN befinde ich mich? – Diesbezüglich ist nicht nur eine räumlich-geographisch-materielle Ausdehnung des Blickfeldes gemeint, sondern auch eine qualitativ-geistig-spirituelle. In welchem geistigen Rahmen, in was für einem Sinngefüge stehe ich? – Jede noch so kleine, scheinbar belanglose alltägliche Handlung erhält von dort her ihre Bedeutung, wird zur sinnvollen oder unsinnigen Geste in bezug auf das große LEBEN zur heilsamen oder unheilsamen Ursache. Wo also stehe ich und bewege ich mich alltäglich? – – –

b) «Wie stehe und bewege ich mich?» –
Man sagt manchmal, einer «stehe gut da oder weniger gut da» im Leben. Was für eine Figur gibst Du ab? – Welche Haltung nimmst Du ein, körperlich und geistig in den einzelnen Situationen? – Schaue genau hin:

> *ruhig und gelassen?*
> *locker und gelöst?*
> *aufrecht?*

Oder nehmen Starrheit, Steifheit, Unbeweglichkeit, Schlaffheit, Schwäche, Unlust, Nervosität überhand in Deinem Körper, Deinem Herzen und Deinem Geist? Wie stehst Du da und wie spielst Du Deine Rolle im Zentrum Deiner Lebenslandschaft? – – –
c) An dieser Stelle setzt wiederum die schöpferische Aktivität ein, nun da man alles sehr deutlich und klar sieht, da man wirklich «ange-

kommen» ist: *Im Geist also die äußere Situation und die eigene Verfassung deutlich wahrnehmend sich besser hinstellen, eine bessere Haltung einnehmen und eine bessere Einstellung gewinnen!* – Die Lebenslandschaft genau vor Augen, man selbst im Zentrum der aktuellen Situation, richtet man sich im Geist ganz neu und bewußt auf, stärkt einen bewußteren und guten Willen und mobilisiert Energie in Körper und Geist.
Zugleich aber Raum und Zeit geben! Nicht voreilig, ungeduldig und mit verkrampfter Gewalt sofort alles Mißliche, Widrige und Unangenehme oder Problematische beseitigen und lösen wollen! Eher selbst mehr lockerlassen, und das Ungelöste etwas loslassen! Sich nicht festkrallen oder hineinwühlen in die ungelöste Angelegenheit! Kraftvolle Geduld und Langmut durch Entspannung!
So, und dann mehr Ruhe geben, Ruhe in die Angelegenheit bringen! Ruhe *ist eine subtile, schöpferische Kraft in Verbindung mit der oben genannten Qualität des Aufgerichtetseins.*
Auf solche Weise wird das Ankommen im Meditationsraum oder dort, wo Du Dich zu Hause zur Meditation zurückziehst, plötzlich zum Ankommen im Leben. Hier beginnt ein schöpferischer Prozeß; es ist die fruchtbare Ausgangssituation für die «Suche nach Erkenntnis, Glück und Erfüllung»! – – –

4. Die Suche nach Erfüllung

Die günstige Ausgangsdisposition, um erfolgreich «auf die Suche» gehen zu können, ist eine gesammelte, wache Ruhe. Diese Ruhe läßt sich nicht einfach herstellen. Sie ist nicht bloß äußere und innere Laut- und Bewegungslosigkeit. Sie ist das Ergebnis von langfristiger Bemühung um eine gute körperliche und geistige Haltung. Diese schließt die millionenhaften Bewegungen und Erregungen des Lebens nicht aus, sondern ein. Eine weitgehende Transparenz zum Leben, diesem Zusammenspiel unendlicher Faktoren im Menschen selbst und außerhalb von ihm ringsum, allüberall, wurde hergestellt. Der Geist wird dadurch nicht mehr so schnell wie bislang durch einzelne Ereignisse beunruhigt und irritiert und erkennt überblickend und einsichtig zugleich das stete Auf und Ab der Erscheinungen, das stete Werden und Vergehen, und wird mit ihnen vertraut. Vor allem aber hat er gelernt, auf das zu achten, was sich hinter der gewöhnlichen Bewußtseinsfassade abgespielt, bei anderen und bei einem selbst, und er erkennt, was noch tiefer «sich abspielen möchte», das Ungeborene, den innersten Drang, die Absicht des LEBENS, die sich uns manchmal als abgrundtiefe Sehnsucht offenbart. Je mehr das Innerste und Eigentliche hinter aller äußeren Fassade von Denken, Urteilen und Verhalten offenbar wird, zugelassen im eigenen Bewußtsein, und geboren wird im Geist, also ans Licht kommt, kann es verwirklicht werden, materialisiert, konkretisiert. Es geschieht eine Art «Inkarnation».[8]

Je deutlicher das LEBEN in uns und durch uns, durch alle Sperren der Unbewußtheit und Fassaden des bewußten Ichaufbaus hindurchbrechen kann und so ans Licht gelangen und zu Bewußtsein werden, ist man den anderen Lebewesen und Menschen sehr nahe. Wenn man auf diese Weise das LEBEN zu verwirklichen beginnt, die «Wahre Natur», wie sie in der folgenden Bildgeschichte als Ochse oder Stier symbolisiert wird, gilt ein einfaches fundamentales Gesetz: Was für mich heilsam ist und mir guttut, ist auch für alle anderen heilsam und gut; was für die anderen heilsam ist oder unheilsam, ist auch für mich heilsam oder unheilsam. – Dieses Gesetz gilt um so mehr, je mehr man sich von der Peripherie der Fassaden und gegenseitigen Abgrenzungen löst, wo alle individuellen Unterschiede und Unvereinbarkeiten, also Widersprüche, entstehen oder geschaffen werden, und statt dessen mehr nach innen kommt, wo das eigentliche LEBEN atmet, welches eine gemeinsame, kollektive und kosmische Dimension hat. Da ist eine unauslotbare Kraft und Intelligenz, die durch die ganze Erde hindurchwirkt, die Schöpfungsgeschichte weitertreibt, etwas, das die Materie veranlaßt, Organismen zu bilden und daraus Leben, Bewußtsein und göttliche Qualitäten wie Klarheit, Güte, Liebe und Glückseligkeit. Buddhisten sprechen von der alles durchwirkenden «Weisheitskraft des LEBENS».

Es drängt die Frage: Was ist letztlich der Grund, die Ursache von diesem grandiosen Prozeß? – Diese Frage läßt sich jetzt an dieser Stelle nicht beantworten. Unser Blick ist noch zu eng und unmittelbar eingestellt. Wir können noch nicht genügend tief und umfassend wahrnehmen. Eine abstrakte und theoretische Beantwortung wäre reine Spekulation, wie es abendländische Philosophen und Theologen immer gern getan haben, die Menschen irritierend und gegenseitig verfeindend mit ihren monströsen Beweisführungen und logischen Konzepten und Gegenkonzepten. Unser überschaubares Dasein jedoch zeigt deutlich:

Das ganze Leben ist eine einzige Suche.

Gleich bei der Zeugung suchen Samenzellen die Eizelle. Von Millionen Samenzellen erreicht *eine* das Ziel! Nur eine einzige erreicht das Ziel auf ihrer Suche nach Erfüllung! Das Ziel, die Erfüllung erreichen, ist ankommen, ganz da sein. Wer nicht wirklich ankommt, verkommt, stirbt bald auf dem Weg. Wer auf solche Weise auf halbem Weg liegenbleibt und stirbt, muß ganz vor vorne anfangen, immer wieder, so oft, bis er wirklich ganz «angekommen» ist. Bedenke einmal sehr konkret, was es für die Samenzelle bedeutet, wirklich angekommen zu sein!
Nicht anders als den Samenzellen ergeht es später den meisten Menschen. Sie hatten auf der damaligen Entwicklungsstufe als Samenzelle die ungeheure Chance, zur vollen Entfaltung zu kommen, geboren zu werden, aber dann auf dieser neuen Ebene des Menschseins haben sie die nächste Stufe verfehlt. Sie wurden zwar als Mensch geboren, sind aber nie ganz in der Welt angekommen. Irgendwie bleiben sie in sich selbst gefangen, eingesperrt in ihrer Vier-Zimmer-Komfortwohnung, eingesperrt in ihrer kleinen, engen alltäglichen «Drehtürrealität», die sich immer nur um das eigene EGO dreht.
Geboren, suchen wir die Mutterbrust. Das ist nicht wenig, auch wenn die «Erfüllung» zunächst nur den Anschein reiner «Anfüllung» hat, Anfüllung des Bauches. Es ist aber doch mehr, was wir da suchen! Die Psychologie weiß, wie lebensnotwendig und grundlegend für die Psyche und das körperliche Gedeihen «die Mutter» ist, was sich keineswegs nur auf die Brust beschränkt, die gesucht wird. Es ist inzwischen allgemein genügend bekannt, wie sehr basisbildend und vertrauensfördernd für das Leben in dieser turbulenten Welt die Erfahrung einer warmen und starken, sorgenden und hegenden Mütterlichkeit ist. Der innere Kern der Psyche findet hier Halt und Nahrung, wie ein Baum in «Mutter Erde» verwurzelt ist.
Später suchen wir «den Vater», die Figur, die uns in die Welt hinausführt, die Regeln, Ordnungen und Gesetze des Lebens draußen zeigt, den Weg bahnt in eine Welt, die wir sonst immerzu fürchten müßten als bedrohendes Chaos. Wer die äußeren, aber auch die inneren und geistigen Ordnungen der Welt vom Vater nie gewiesen bekommen hat, entwickelt starke Lebensängste und Ohnmachtsgefühle. Viele

Menschen in unserer modernen Welt sind weitgehend «vaterlos» aufgewachsen, nicht nur, weil ihnen in einer Zeit beidseitiger, z.T. rücksichtsloser Emanzipation und allzu egozentrisch interpretierter Freiheit der leibliche Vater vorenthalten worden ist, sondern auch deshalb, weil das Prinzip des Vaters in Form unumstößlicher Regeln und Autorität und in Gestalt höherer Ordnungen und Normen weitgehend aufgelöst worden ist, so daß dadurch eine klare Formgebung und eine leitende, fürsorgende und sichernde Gesamtorientierung auf dem Weg durch diese Welt fehlt.[9]
Die Folge sind eine bereits weitverbreitete, sehr tiefe Unsicherheit, Ungefestigtheit, Labilität, psychische Anfälligkeit, Existenzängste und somit eine tiefwurzelnde Scheu vor dem Erwachsensein, was in diesem Zusammenhang bedeuten müßte, daß man selbst verantwortlich, aufrecht und tatkräftig in der Welt steht und die natürlichen Aufgaben und Schwierigkeiten mutig und kraftvoll angeht und zu meistern sucht, so daß man für die Nachkommenden selbst wieder zu einem soliden Anker werden kann. Die unbewußte Angst vor dem Erwachsenwerden, die viele davon zurückhält, sich selbst über die Schwelle der Pubertät hinaus zu entwickeln und Verantwortung zu tragen für sich selbst und dann auch für andere, rührt zutiefst eben aus der Proklamation und heute bereits großteils entwickelten «vaterlosen Gesellschaft».
Es fehlt das Bild des «Vaters», das im Pubertätsprozeß zwar bekämpft und besiegt werden, zuvor aber grundsätzlich vorhanden sein muß, um diesen spezifischen Entwicklungsschritt nach vorne, hin zur Freiheit und Selbstverantwortung, letztlich also zum Erwachsensein zu ermöglichen. Nur wenn ein Vater als Symbol von Standfestigkeit, Eindeutigkeit, Kraft und Maßgebung als Vor-Bild existiert, gibt es ein entsprechendes Etappenziel, welches man für sich selbst zu erreichen sucht. Andernfalls machen sich «regressive Tendenzen» breit, wie es die Psychologen nennen, Neigungen «zurück in den Mutterschoß». Wachstum, Entwicklung und Reifung werden von innen her gebremst, in manchen Fällen sogar regelrecht torpediert. Die Welt wird mehr als Bedrohung empfunden denn als Lebens- und Entfaltungsraum. Wer also den Vater, ganz gleich aus welchen Gründen, nicht

findet, verpaßt wiederum eine wesentliche Stufe. Da hat man später in einem langen therapeutischen Prozeß sehr viel aufzuholen, bevor der Lebensweg wirklich voranführen kann.

Mit dem Durchschreiten der Pubertät müssen wir dann auch «den Vater überwinden» und suchen in der großen weiten Welt nach anderen neuen Vorbildern, die weit über das Weltbild des Vaters hinausweisen können. Der eigene Vater, die häuslichen Formen und Normen der Lebensbewältigung, vielleicht sogar die absolute Autorität der geistigen und kulturellen Umwelt, in der man aufgewachsen ist, müssen in Frage gestellt und u.U. «getötet», also abgelehnt werden, um möglicherweise ganz neu und in Freiheit aufgegriffen und integriert werden zu können. Tiefenpsychologisch ausgedrückt: «Der Vater wird entthront, damit man selbst Vater werden kann.» In dieser Phase wird die Welt, aus der man kommt, zum wiederholten Male zu eng und zu klein, und größere Vorbilder werden unersetzlich für einen gedeihlichen weiteren Lebensaufbau, Persönlichkeitsaufbau und die Entwicklung des Geistes. Ohne Geist kein Mensch! Viele Menschen sind wohl dem Körper nach eindeutig Menschen, aber ihre Augen zeigen, wie tot und leer sie sind. Manche Menschen haben ihre «Suche» schon weit vorher abgebrochen, sind u.U. schon bei der Muttersuche stehengeblieben.

Die Suche nach Vorbildern ist das Streben, wirklich ganz anzukommen im Leben und in der Welt! Vorbilder sind Ziele, die uns geistig stark nach vorne ziehen. Vorbilder haben stimulierende, entwicklungsfördernde Kraft; sie wirken auf die erwachende Persönlichkeit wie das Sonnenlicht auf Pflanzen. Der Mensch, dessen eigene innewohnende Natur mit all den vielen Anlagen und Qualitäten zur Entfaltung und ans Licht drängt, sucht spontan nach solchen «Bildern», die seiner Existenz und seinem persönlichen Werdegang eine sinnhafte Dimension und Perspektive aufweisen.

Bei einigen wenigen Menschen führt die Suche durch die Welt hindurch und weit über sie hinaus. Sokrates z.B. suchte über den Tod hinaus. Er erforschte sogar, während bereits das Gift in seinem Körper seine tödliche Wirkung hatte, den Übergang vom Leben zum Tod mit Hilfe seiner konzentrierten Aufmerksamkeit, voller Interesse für

«das, was ist» bis zum letzten Atemzug. Als seine Schüler und Freunde an seinem Sterbebett schluchzten und weinten, rügte er sie: «Schluß da! Stört meine Erforschungen des Sterbens nicht durch Euer Wehklagen! Ein ganzes Leben lang galt mein Interesse der Realität auch des Todes. Jetzt laßt mich ungestört erfahren, was das ist!» Dies war mehr als nur das Interesse an dem biologischen Vorgang, durch welchen die Körperfunktionen aufhören; es war das hellwache Ausgerichtetsein auf die Wahrheit und Wirklichkeit, die hinter aller vordergründigen, vergänglichen Erscheinungswelt das kraftvolle Kontinuum ist, aus welchem ständig neu Lebensformen auftauchen und in das zurück sie sich wieder auflösen. Es ist die Suche nach der letzten und «absoluten Wahrheit». – Aber schon zuvor, noch mitten im Dasein, hatte sein Leben eine großartige und befriedigende Qualität gewonnen. Seine wache Aufmerksamkeit und kraftvolle, ununterbrochene «Suche nach Erkenntnis, Glück und Erfüllung» hatte ihn aus der dunklen Höhle von Blindheit und Gefangenheit befreit. Platon beschreibt dies in seinem «Höhlengleichnis»: Dem Lichtschimmer nachgehen! Sich nicht in den gewohnten dumpfen Mief der Höhle zurückziehen (– die moderne Psychologie spricht von «Regressionstendenzen –), um dann immer wieder zu heulen und wehzuklagen über so viel Desolatheit und Unerfülltheit! Dem Licht nachgehen und so den Ausgang finden, buchstäblich den Ausweg aus dem unbefriedigenden ewig gleichen Kreislauf des Status quo!
«Das Licht» ist Klarheit des Geistes, hohe Stimmung des Gefühls, hohe Qualität des Erlebens, Intuition und Entfaltung und Offenbarung der Sehnsucht des Herzens, letztlich die «Öffnung der Lotusblüte».[10] Wenn solches Licht zur Entwicklung kommt, ist es wie die Morgenröte am Horizont: Das Leben wird erhellt. Buddhisten sprechen von einem «Prozeß des Erwachens».
Erst wenn der Mensch den tiefen Drang nach Licht entwickelt hat, seine suchende Energie zu einem lodernden Feuer geworden ist, das in verzehrender Sehnsucht alle Trugschlüsse und Illusionen, Vernebelungen und Verstellungen, alle Täuschungen und Scheinwirklichkeiten verbrennt und endlich die ganze Wahrheit und Schönheit aufleuchten läßt, wird der Mensch wirklich zum Menschen! Alles zuvor,

die Suche nach dem Ei, die Suche nach der Mutter, die Suche nach dem Vater als Leittier ist auch bei den Tieren bereits entwickelt. Auch die Suche nach einem eigenen Revier, nach einem geeigneten Paarungspartner, nach Wohlbefinden und Befriedigung und letztlich nach Sicherung der gefährdeten Existenz ist das Anliegen der Tiere. Aber, eine Pflanze, ein Baum und selbst ein hochentwickeltes Tier fragt nicht: Was ist Wahrheit? Was ist das Leben? Was ist der SINN meiner Existenz? Ein Tier ist und bleibt einfach, was es ist. Es ist die Großartigkeit des Menschen, daß er über den Status quo hinausstrebt. «Ich bin nicht wie ich bin» – das ist die großartige Chance! Der augenblickliche Zustand ist der einer Raupe, und meine ganze Energie gipfelt in dem Streben, Schmetterling zu werden, ein völlig erwachtes Wesen, mit vollkommener Erleuchtung, Glückseligkeit und letzter Erfüllung. Dies ist kein geringes Streben: Es ist die königliche Haltung des Menschen!

*

Du mußt Dich beeilen, wenn Du diese Existenz wirklich zur Erfüllung bringen möchtest, wenn Du «ankommen» willst innerhalb der gegebenen Zeitspanne – so wie der Samen beim Ei –, wenn Du wirklich den SINN Deiner Existenz erfahren möchtest.

*

Alles Leben ist Suche, und im Menschen steigert sich die Suche im erwachenden Bewußtsein. Wo keine Suche mehr ist, ist Stagnation, Erstarrung, Tod. Solange der Mensch unruhig ist und sucht, bewegt er sich, ist lebendig und hat eine Chance, wirklich «anzukommen».
Die meisten Menschen kommen letztlich nicht an; sie sterben unerfüllt und haben nicht das erreicht, wofür sie potentiell bestimmt waren.[11] Sie haben sich zu früh «zur Ruhe gesetzt», haben aufgehört zu suchen und haben sich mit dem Status quo abgefunden.
Jesus mahnte diesbezüglich immer wieder eindringlich: «Wacht auf! Verschlaft nicht Eure Zeit! Entzündet Eure Lampen! Sucht zuallererst das Reich Gottes! Das Reich Gottes ist nahe; es ist in Euch!»

Bereits 500 Jahre zuvor hatte Buddha seine Schüler und Freunde mit ganz ähnlichen Worten angefeuert: «Konzentriert Euch auf die Buddhanatur in Euch! Seid wachsam, aufmerksam und ohne geistige Trübung! Laßt nicht nach, bodhicitta (Erleuchtungsgeist) zu erlangen! Überwindet alle Hindernisse auf diesem Weg!»
Die Tatsache, daß Du zu einem Übungsseminar mit dem Titel «Auf der Suche...» gehst oder nach einem Buch wie diesem greifst, könnte bedeuten, daß Du selbst tatsächlich bereits «auf der Suche» bist, einer Suche, die mehr ist als nur «Futtersuche» oder Suche nach einem «Weibchen/Männchen» oder einem geeigneten «Nistplatz».
Meister Kakuans Bildgeschichte beginnt genau an dieser Stelle, wo der Hirte aufbricht, sich tatsächlich auf den Weg macht, um endlich den *Ochsen, die «Wahre Natur» allen Lebens* und damit die Lebensenergie zu finden.

Die zehn Bilder zeigen konzentriert die Weisheit der Suche, die natürlichen Stadien des Weges aus Dunkelheit, Befangenheit und Unentwickeltheit zum vollen Licht, zu Freiheit, Reife und Erfüllung. Kakuan ist großartig! Er zeigt uns den Weg, macht uns die eigene Entwicklung verständlich, zeigt die Schwierigkeiten und Fallen und zugleich die Möglichkeiten und die Richtung. Er macht dies auf drei Ebenen, bildhaft-symbolisch, poetisch und in einem kurzen Prosakommentar. So werden in uns Intuition, Emotion und Verstandesklarheit zugleich angesprochen und angeregt.

III

«Der Ochse und sein Hirte»

Nach Meister Kakuans Bildfolge
(China, 12. Jahrhundert)

Die ersten acht Bilder zeigen in konzentrierter Weise acht Entwicklungszustände auf dem Weg aus Blindheit und Gefangenheit bis hin zum vollen Durchbruch der Erkenntnis und des LEBENS zu Klarheit und Weite. Bild 9 und 10 zeigen die Rückkehr zur Quelle, zur Einfachheit und Selbstverständlichkeit des alltäglichen Lebens, jedoch erneuert, völlig verwandelt und auf der reifen Stufe erleuchteter Bewußtheit und beglückender Lebensqualität.

Die Suche nach dem Ochsen

Kommentar

Der Ochse ist nie verlorengegangen. Wozu ihn also suchen? Nur weil ich von meiner Wahren Natur abgeschnitten bin, vermag ich ihn nicht zu finden. In meiner Sinnesverwirrung verliere ich sogar seine Fährte. Weit von der Heimat entfernt, weiß ich vor lauter Kreuzwegen nicht, welcher Pfad der richtige ist. – Ich bin verstrickt in Gier und Angst und Ärger, in Gut und Böse.

Im Weidegrund dieser Welt
biege ich unermüdlich die hohen Halme beiseite,
auf der Suche nach dem Ochsen.
Namenlosen Flüssen folgend,
verirrt auf den verworrenen Pfaden ferner Gebirge,
kraftlos und lebensmüde,
kann ich den Ochsen nicht finden.
Ich höre nur die Grillen
durch den nächtlichen Wald zirpen.

Da hat sich einer von unendlich vielen aufgemacht, «den Ochsen zu suchen», die «Wahre Natur» allen Lebens, bewußt, aktiv, tatsächlich! Die meisten reden nur davon, diskutieren und argumentieren hin und her und finden letztlich genügend Gründe, warum gerade sie, in diesen oder jenen Verhältnissen steckend, nicht vorankönnen oder wenigstens aufbrechen. Es mögen die Situationen tatsächlich schwierig sein, die mächtigsten Hindernisse jedoch liegen immer im Menschen selbst, in seiner inneren Verfassung von Steifheit, Unbeweglichkeit, Bequemlichkeit, Stumpfheit und Phantasielosigkeit. Der Geist wird benutzt, um diese Verfassung als einzig mögliche zu rechtfertigen und zu stabilisieren. So werden diese geistigen Begründungen zur logischen Rechtfertigung für den Status quo äußerer und innerer Verhältnisse. Der dadurch entstehende Widerspruch zum Leben, welches wie ein Fluß voranfließen und sich verändern will, sprudelnd, bewegend, erfrischend und erneuernd als Quell, als Bach, als Fluß, als Ozean, als Wolken, Regen, Grundwasser und immer wieder als neuer Quell oder durch Milliarden Lebewesen hindurch als lebendiger Strom, wird einfach definiert als tragisches Schicksal, als «Geworfensein in eine kalte, feindliche Welt» (Martin Heidegger), als «die absurde Situation unserer Existenz» (Albert Camus), als «das Leben in diesem Jammertal» (in einigen christlichen Kirchenliedern) oder «alles Dasein ist Leiden» (Theravada-Buddhismus). Es ist dies also die Definition des eigenen Widerspruchs, eines Widerspruchs, der solange als solcher erlebt und erlitten wird, als es dem unerwachten Geist nicht gelungen ist, aus dieser Illusion und Täuschung heraus vollständig zu erwachen.
Dies ist die «Frohe Botschaft» im Buddhismus: Dein unentfalteter Geist ist auf dem Weg des Erwachens. Du bist noch nicht das, was Du

sein sollst und sein kannst, aber das Samenpotential Deiner Existenz ist nichts anderes als die vollkommene Buddhanatur, die darauf wartet und drängt, entfaltet zu werden zu ihrer ganzen Schönheit, Qualität und Fülle! – – –
Was Buddha Shakyamuni aufgrund seiner eigenen Entwicklungserfahrung den Menschen in seinen Worten verdeutlicht und offenbart, ist genau das, was Jesus seinerseits und mit seinen Worten und Bildsymbolen als Kerngehalt all seines Wirkens den Menschen zeigt: «Das Reich Gottes ist nahe; das Reich Gottes ist nicht irgendwo außen, sondern in Euch selbst; seid nicht so träge, dumm und verschlafen wie die törichten Jungfrauen, sondern sorgt, daß Öl in Euren Lampen ist und Eure Lampen brennen, denn Ihr könnt nicht wissen, wann die Stunde der Erfüllung anbricht!»[12]
Also, macht Euch bereit, macht Euch auf den Weg, das Ziel ist nahe! Versinkt nicht passiv und defaitistisch in Euren augenblicklichen Situationen, Schwierigkeiten, Problemen, Konflikten und Krankheiten, sondern macht Euch auf! Geht auf die Suche! – – –
Unsere Entwicklungssituation ist vielleicht wie die an jedem Morgen, wenn der Wecker klingelt: Morgendämmerung! Einerseits besteht Zukunft und die Chance, ganz zu erwachen in und für den neuen Tag mit all den schöpferischen Möglichkeiten eines sich öffnenden Zeitraumes, Bewegungsraumes, Spielraumes, Lebensraumes, und andererseits sind wir mit Leib und Seele noch so in der Dunkelheit, Dumpfheit und Tiefe der Nacht verfangen, daß wir noch nicht recht erwachen wollen, sondern eher zurücktendieren und uns in die dumpfe Wärme des Bettes zurück einrollen.
So entsteht ein unangenehmer, widriger, paradoxer Zustand, in welchem wir hin- und hergerissen nicht hier verbleiben und dort noch nicht ganz ankommen können, ein Zustand wie der, wenn ein Kind aus dem Mutterbauch hinaus will und dann doch das ungewisse Neue, das zunächst kalte Offene und Weite fürchtet. Ähnlich ist die Verfassung der allermeisten Menschen, die nicht mehr völlig blind wie Pflanzen auf der materiellen Ebene der Natur und des Lebens eingebettet, aber auch noch nicht zum vollen Erwachen des Geistes gelangt sind.

Aber da hat sich einer von unendlich vielen aufgemacht, «den Ochsen zu suchen», bewußt, aktiv, tatsächlich!

Im Weidegrund dieser Welt
biege ich unermüdlich die hohen Halme beiseite,
auf der Suche nach dem Ochsen...

Die ganze Welt ist für den Menschen wie eine Weide, ein großer fruchtbarer Garten, in welchem er all das finden kann, wovon er körperlich, seelisch und geistig lebt. Unermüdlich sind wir dabei, uns zu ernähren, zu finden, was wir fürs Leben zu brauchen meinen. *Unermüdlich!* Wir geben kaum Ruhe beim Grasen, beim Ernten, beim Ausnutzen der natürlichen Möglichkeiten. Wir haben uns so sehr darin vertieft, daß es über das natürliche Ausmaß längst hinausgegangen ist: Wir weiden nicht nur, es findet schon längst eine «Überweidung» der Natur durch den Menschen statt. Wir beuten und rauben die Natur regelrecht aus, unter der Erde, auf der Erde und über der Erde, so daß der Naturhaushalt an einigen markanten Stellen bereits zu kollabieren beginnt. Genug ist andernorts darüber bereits gesprochen und geschrieben worden.[13] Der Mensch, zumindest in den Wohlstandsländern, nimmt körperlich, seelisch und geistig zuviel auf, so viel, daß er die Unmengen kaum oder gar nicht mehr richtig verdauen kann. Sein eigener körperlicher, seelischer und geistiger Organismus kollabiert auf vielfältige Weise. Das Tier «Mensch» frißt zuviel, und die Natur in ihm reagiert unter anderem verzweifelt mit übertriebener Abwehr: Allergie!

Unermüdlich biege ich die hohen Halme beiseite,
auf der Suche nach dem Ochsen...

Die Halme symbolisieren all das, was in einer Landschaft aufwächst. Es sind all die Dinge, welche in der Natur aufwachsen als Gräser, Blumen, Sträucher und Bäume und in der menschlichen Kultur als ihre

Erzeugnisse hervorgebracht worden sind. «Die Halme» sind ebenfalls all die Wichtigkeiten, all die aufgebauten und zum Teil hochgezüchteten Dinge und Angelegenheiten in der ganz persönlichen Lebenslandschaft. Es sind die materiellen und geistigen Faktoren und Inhalte, die unseren äußeren Alltag bestimmen und auf die unsere ganze Aufmerksamkeit und Energie gerichtet sind. Hinter jeder solchen Angelegenheit, hinter all den Besitz- und Gebrauchsmöglichkeiten sucht man Befriedigung und Erfüllung. Wir haben nicht nur körperlichen Hunger, sondern vor allem auch seelischen und geistigen Hunger nach Zufriedenheit, Wohlgefühl und Glück. So sind wir ständig auf der Jagd nach befriedigender Beute und lassen kaum eine Möglichkeit aus. Wissenschaft, Technik, Wirtschaft und Handel überbieten sich im Angebot, so daß unsere Lebenslandschaft in Mitteleuropa wirklich vollwüchsig ist, eher einem wildwachsenden Urwald als einer dürren, halmlosen Savanne oder Steppe ähnelnd.

«Unermüdlich biege ich die hohen Halme beiseite.» Mit dem Kleinen, Unscheinbaren geben wir uns kaum mehr ab, nur mit den ganz großen, spektakulären, reizstarken Angelegenheiten und Angeboten aus Wirtschaft, Medien und Privatbereich. Im Überangebot der modernen Welt findet nur das Laut-, Licht-, Farb- und sonstwie Reizstärkste noch Beachtung und Interesse. So ist das Adjektiv die «hohen» Halme für unsere Situation von besonderer Bedeutung. Die sehr hohen Halme, das, was sehr hoch aufgeschossen, «ins Kraut gewachsen» oder besonders groß aufgebaut worden ist, sind die «babylonischen Türme und Festungen», die in der jeweiligen Lebenslandschaft, im öffentlichen Leben wie Wirtschaft, Technik, Wissenschaft, Politik und in den Kirchen, in der Medien- und Kulturlandschaft ebenso wie in privaten Bereichen der persönlichen Wichtigkeiten, Erhabenheiten, Begierden und Leidenschaften und somit besonderen Abhängigkeiten zu sehen sind. – Wo gäbe es sie nicht, diese zentralen monströsen Gebilde, vor denen der Mensch mehr kniet und sich beugt als aufrecht steht, mehr kriecht als wirklich geht, mehr von unabänderlichen Gegebenheiten und Sachzwängen oder von unabdingbaren Bedürfnissen spricht als von freier Souveränität, menschlicher Vernunft und Freiheit! Babylonische Türme stehen möglicherweise mitten in unse-

rem persönlichen Leben und fordern ständig ihren Tribut an Zeit, Kraft, Aufmerksamkeit und Phantasie.[14]

*

Schau genau hin, was bei Dir diesbezüglich «ins Kraut geschossen» ist! – – –

So gibt es, ganz mit unserem eigenen Zutun und Einverständnis, die äußere und innere Knechtschaft und Unfreiheit, in der wir lange nicht das werden finden können, was die «Wahre Natur» in uns suchen läßt. Man könnte auch vereinfacht sagen: Solange wir in irgendeiner Art Sucht hängen, gelangen wir nicht auf die Suche nach der «Wahren Natur».
Sucht schließt Suche aus!
Sucht ist Gefangenheit, Suche ist freie Offenheit.

*

Namenlosen Flüssen folgend,
verirrt auf den verworrenen Pfaden ferner Gebirge...

Früher, als es noch keine Straßen und Autobahnen quer durchs Land gab, führten die Wege Bach- und Flußläufen entlang.

*

Wieviel Wege bist Du in Deinem Leben schon gegangen, um ans Ziel zu kommen? Wieviel «Bach- und Flußläufen» bist Du schon gefolgt? Wieviel Strömungen von Zeit und Mode bist Du schon nachgegangen? – – –
Vergeblich!
Vielleicht hast Du es nicht dabei bewenden lassen, Dich nur in den Niederungen des Daseins zu bewegen, dort, wo alle Wasser am ehesten hinlaufen. Vielleicht hast Du Dich oft genug auch aufgemacht in die Berge, ins Gebirge, um wirklich etwas mehr Höhe zu gewinnen, einen höheren Standpunkt, eine größere Perspektive, mehr Ausblick und Schönheit, ein großartiges Panorama.

Wieviel Pfaden bist Du da schon gefolgt, wo andere, wenn auch nur einzelne, bereits gegangen sind?

*

Pfade ferner Gebirge... Die heimatlichen Berge scheinen nicht die Verlockung zu besitzen wie die «fernen». «Ein Prophet gilt in seiner Heimat nichts», wußte auch Jesus, wie viele Mahatmas anderer Kulturbereiche. Die exotischen Erhebungen locken stärker, scheinen eher das große Ziel zu bieten, nach welchem man tief im Herzen Sehnsucht hat. Für uns Europäer ist es besonders der Himalaya mit seinen vielfältigen wundervollen Geschichten und seiner teilweise auch tatsächlich großartigen Geschichte von Taoismus, Hinduismus und Buddhismus. In einer Welt, in der man rings um den Globus reisen, fernsehen und alle jemaligen äußeren und inneren Ereignisse in Büchern lesen kann, erheben sich viele Gebirge in unserem Geist, und viele Pfade bieten sich an oder werden feilgeboten. Eine verwirrende Vielfalt von Pfaden ferner Gebirge präsentieren sich, und wer könnte da wohl nicht in Gefahr geraten, sich möglicherweise zu verirren?

Verirrt auf den verworrenen Pfaden ferner Gebirge...
So mußte Meister Kakuan schon im 12. Jahrhundert feststellen. Manche Pfade, die heute angeboten werden mit wohlklingenden, fremd und interessant oder hochtrabend klingenden Worten, sind wirklich «verworren», und manch einer, der allzu naiv und blind drauflos gelaufen ist, ist wirklich ziemlich verwirrt, ohne das realistisch gefunden zu haben, wonach suchend er sich aufgemacht hat.
Einige der schmalen Pfade ferner Gebirge führen jedoch tatsächlich ans Ziel, wo die Schönheiten und Qualitäten eines erfüllten und vollendeten Lebens aufleuchten.
Unterscheidung tut not!

*

Je unerwachter, blinder und erfahrungsarmer ein Mensch ist, um so schwerer fällt ihm anfangs die rechte Unterscheidung. Ängstliches Stehenbleiben ist unheilsam; blindes Drauifloslaufen ist ebenfalls unheilsam! Man muß schon Schritte setzen, Richtung wählen, entscheiden und aktiv voranschreiten, auch wenn sich Hindernisse auftun, immer aber mit wacher Bewußtheit, immer mit suchendem, fragendem, offenem Geist und immer bereit, die eingeschlagene Richtung, wenn nötig, zu korrigieren. Wahrlich, es ist manchmal nicht leicht, selbst zu unterscheiden, ob man im gegebenen Fall nur Hürden, natürlichen Schwierigkeiten und Anstrengungen auf dem Weg ausweicht oder ob man sinnvoller- und notwendigerweise den Kurs ändert. Da kann der Rat eines erfahrenen Menschen hilfreich sein.
Also schau Dein Leben an!
Wieviel Flüssen folgend, wie sehr verirrt auf verworrenen Pfaden ferner Gebirge bist Du bislang gegangen? – – –

*

Kraftlos und lebensmüde
kann ich den Ochsen nicht finden...

Jeder kommt irgendwann in seinem Leben an diesen Punkt, wo er erschöpft und völlig enttäuscht, «kraftlos und lebensmüde» die ganze bisherige Hetzjagd, das ewige Grasen, Beutemachen, Erfolg-und-Besitz-haben-Müssen, die Sucht nach immer Neuerem, Versprechenderem, auch die Anstrengungen auf geistigen und spirituellen Höhenwegen vollkommen satt hat und ihrer überdrüssig ist.
Der seelisch-geistige, oft dann auch der körperliche Organismus streikt endgültig. Wie ein zu prall gefüllter Ballon fällt man zusammen: *Erschöpfung!* Ein völlig desolater Zustand, in dem man ganz einfach nicht mehr will und nicht mehr kann. Wer solch eine Verfassung nicht versteht und darin befangen auch noch dagegen rebelliert, weil er im Grunde so weitermachen will wie bisher, nicht erkennend, daß der bisherige Weg ein Holzweg war, der in diese Sackgasse geführt hat, zumindest jedoch ein Weg, der nun endgültig zu Ende ist, der ist

voller Verzweiflung und verfängt sich vollends in seelische und körperliche Krankheit.
Wer jedoch an diesem persönlichen Endpunkt, an dieser persönlichen Grenze und Begrenztheit endlich lockerläßt, wenn auch gezwungenermaßen, nichts mehr vermögend und enttäuscht aufgebend, wer jetzt wirklich aufgibt und zugibt, daß er auf bisherige Weise nichts Entscheidendes und Erfüllendes bewirkt hat, dem gelingt, was für die Zukunft von großer Bedeutung sein wird:

Entspannung!

Körper und Geist entkrampfen allmählich, jetzt wo auf der bisherigen Ebene nichts mehr erreicht werden kann. Dies schafft den nötigen Raum für eine weitere, ganz neue Einstellung und Entwicklungsmöglichkeit.

*

Ich höre nur die Grillen durch den nächtlichen Wald zirpen.

Jetzt erst vernehmen Ohr und Geist eine Dimension, die bislang völlig untergegangen war:
Wohltuend, ein zarter Hauch angenehmen Gefühls weht durch die Seele. Aufatmend berührt das einfache rhythmische Zirpen der Grillen in wundervoller Weise das Herz. Der Geist vermag es nicht zu deuten, aber das Ohr vernimmt schon den äußeren Ton der «Wahren Natur».
Die Entspannung hat hier eine gewisse feine, wache Aufmerksamkeit mit sich gebracht, ein erstes Hinhören auf die Natur der Dinge!
Zumindest dies ist der Erfolg des bisherigen Durch-die-Welt-Irrens: Man ist nicht in seinen vier Wänden sitzengeblieben wie in einem Käfig und hat nicht nur ohnmächtig zugesehen, wie einem das Leben alle Chancen nimmt, sondern befindet sich mitten in der Welt und vernimmt jetzt das einfache Zirpen der Grillen draußen in der Natur.

Der Ochse ist nie verlorengegangen. Wozu ihn also suchen? Nur weil ich von meiner Wahren Natur abgeschnitten bin, vermag ich ihn nicht zu finden...

«Der Ochse ist nie verlorengegangen. Wozu ihn also suchen?» Dies ist ein Vorgriff auf eine letztendliche Erkenntnis, nachdem der Mensch viele Irrwege beschritten, diese als solche erkannt und die äußeren Verhaltensweisen und inneren Einstellungen gründlich korrigiert hat. Solange der Geist jedoch noch nicht vollkommen erwacht ist und befreit von allen Täuschungen und Verstellungen, glaubt er, irgendwo außen in der Welt, in den äußeren Lebensbedingungen das Entscheidende suchen zu müssen und finden zu können. Letztendlich, so wird im Vorgriff gesagt, braucht man das Wesentliche gar nicht zu suchen, weil man es als die eigene «Wahre Natur» in sich trägt. Es ist die «Wahre Natur» unseres Geistes. Die nach außen gerichteten Sinnesorgane können nur die peripheren Erscheinungen, die Phänomene, wahrnehmen, nicht aber den lenkenden, schöpferischen inneren Geist, der alles bewegt, Kern und Wesen aller Dinge und Prozesse ist und welcher letztendlich sich offenbart, durch den erwachten Menschen hindurch, als seine «Wahre Natur», göttliche, ewige Wesenheit, reine offene Klarheit und Unendlichkeit des Geistes.

Diese hier sehr philosophisch-theologisch anmutende Beschreibung, weit und unzumutbar vorausgegriffen, möge niemanden verwirren! Die vielfältigen täglichen Sinneseindrücke, auf die wir unser Realitätsbewußtsein und unser Realitätsvertrauen gründen, tun dies ihrerseits zur Genüge. Was uns am Ende wie ein langer Irrweg und Umweg vorkommt, die vielen einzelnen Lebensstationen und immer wieder verlassenen Schauplätze und neuen Ziele und Absichten, die alle doch immer wieder korrigiert, modifiziert oder völlig aufgegeben werden müssen, bis wir nach all den großen Kreisziehungen in unserer Erkenntnis dort ankommen, wo wir im Kern schon immer waren, sind keine persönlichen Versager oder vermeidbaren Fehler! Sie müssen alle durchschritten, durchlebt und teilweise regelrecht durchlitten werden, damit die reife Erkenntnis und die geistige Verfassung zustande kommt, von der aus man rückwärtsschauend den großen

«Umweg» erkennt. Es ist eines der vielen scheinbaren Paradoxa des Lebens, denen der Mensch nicht dadurch entgehen kann, daß er sie aus seinem beschränkten Blickwinkel heraus als solche bezeichnet oder daß er sie einfach übersieht. So sehr sich letztlich als Trugschluß erweist, «Erkenntnis, Glück und Erfüllung», «das Reich Gottes» oder «die Buddhanatur» ließe sich irgendwo außen finden oder verwirklichen, so absolut falsch wäre es, deshalb gar keinen Weg beschreiten zu wollen, um von vornherein Trugschlüsse und Irrwege zu vermeiden. Dies würde vollkommene und endgültige Verwirrung schaffen.

Was am Ende eines Weges so oder so ist, ist es nicht zugleich auch am Anfang! Man kann, was Weise am Ende einer langen Entwicklungsreise erkannt haben, nicht für sich selbst an den Anfang setzen!

Ich bin verstrickt in Gier und Angst und Ärger,
in Gut und Böse...

Ständig hin- und hergerissen in der Vielfalt der Phänomene, liegen wir im Kampf mit der Realität. Ständig lockt uns das eine, erfordert äußersten Willens- und Krafteinsatz, Zeit und Geld, um zu erreichen oder zu behalten und zu stabilisieren, was uns angenehm ist, und ebenso ständig bedarf es aller Energie und Klugheit und anderen vielfältigen Aufwand, um abzuwehren, was uns unangenehm ist oder bedrohend erscheint.

Da bleibt kein Raum für Entspannung, für Ruhe und Frieden, für persönliche Freiheit und Souveränität! Gejagt und gehetzt bleibt unser Geist Sklave von Gier und Gewohnheit, von Angst, Wut und Ärger, wie es der Buddha als die zwei Grundübel unserer leidvollen Verfassung erkannt hat. In den Übersetzungen der Lehrtexte handelt es sich um die beiden «Anhaftungskomplexe»: Gier und Wut/Ärger.[15]

Der Geist bleibt gefangen von ständiger Sucht und Abwehr. Er könnte wie ein König sein, frei, souverän, die Welt und ihre Natur beherrschend und genießend, aber er bleibt geknechtet unter dem chronischen Diktat von «Lust und Unlust». Darum rät der Buddha zuallererst und grundlegend: Gier und Wut/Ärger überwinden, um Geist und Gemüt so zu befreien, daß eine günstige geistige und persönliche Entfaltung möglich werden.

*

Betrachte Dich genau! Wie sehr wohl ist Dein Leben bestimmt von der Frage nach «Lust – Unlust»? – – –

Dies bezeichnet Meister Kakuan als die «Sinnesverwirrung», die sogar die Fährte des Ochsen (unserer «Wahren Natur») aus den Augen verlieren läßt. So irren wir mit unseren Reaktionen und alltäglichen Handlungen hin und her und verlieren vor lauter verlockenden Möglichkeiten und «Kreuzwegen» den richtigen Pfad. Die moderne Welt verstärkt noch diese Verwirrung und Verirrung. Nicht nur die materiellen Angebote, Verlockungen und Verführungen durch unseren Wohlstand unterstützen diesen negativen Prozeß; es sind geradezu auch die unendlich vielen geistigen und spirituellen Wege und Möglichkeiten, die uns heute überflutend präsentiert werden und den Geist unter Umständen auch verwirren, so daß wir «vor lauter Kreuzwegen nicht wissen, welcher Pfad der richtige ist». – Je mehr wir uns nach außen verlieren, und mögen wir um die ganze Welt reisen, wir bleiben «*weit von der Heimat entfernt*». Es nutzt nichts, wenn wir die Rituale noch so hehrer Religionen und Geister nachahmen, um das Paradies zu erlangen, solange wir dabei die eigene «Wahre Natur», den Ochsen, nicht finden können.

*

Hier wartet intensive und konzentrierte Arbeit auf uns, um den Geist zuallererst aus der sklavischen Abhängigkeit von unseren Sinneseindrücken zu befreien und einen einigermaßen gelösten, objektiven, nicht von «Lust und Unlust» beeinträchtigten Blick zu gewinnen.
In diesem Zusammenhang wurden in der Geschichte des lebendigen Buddhismus vielfältige konkrete Methoden entwickelt. Die einzelnen Schulrichtungen unterscheiden sich keineswegs im Ziel, vielmehr nur

in ihrer Methode und pädagogisch-psychologischen Praxis. Während zum Beispiel der Theravada-Buddhismus eher den Aspekt der Vermeidung und asketisch-moralischer Willensstärkung pflegt, gilt im Mahayana-Buddhismus eher der Aspekt der Transformation und Verlagerung von Energie, Verwandlung und Sublimierung. Im Vajrayana wird die Befreiung des Geistes durch direkte Identifizierung mit der göttlichen Energie erreicht, ein Prozeß, der sicherlich nur gelingt, wenn er die beiden vorgenannten Methoden einigermaßen verwirklicht im Menschen als Basis vorfindet.

*

Betrachte dieses erste Bild in Ruhe genau! – Laß Dir dabei Zeit! – – –
Mit ruhigem, entspanntem, wachem Geist lasse es auf Dich wirken!
– – – Versetze Dich selbst genau in diese hier aufgezeigte Situation, so daß Du sie unmittelbar erlebst und verstehst! – – –

Du bist herausgetreten aus dem Dickicht von Bäumen, Felsen und Lianen, den Zweigwerken von Gefangenheiten, Bindungen und Abhängigkeiten, heraus aus all den beengenden Faktoren der bisherigen Lebenslandschaft, die bislang Deinen Blick und Deine Bewegungsmöglichkeiten sehr beschränkt hatten. Zwei, drei, vier Schritte weit bist Du herausgetreten in eine offene Landschaft, die sich weiträumig ohne viel Aufwuchs ausbreitet. Du kannst es noch nicht ganz glauben; Du schaust verwundert, staunend und wie gebannt zurück. – Scheidepunkt, Wendepunkt! – Ein Fluß, Lebenswasser, Lebensenergie strömt aus dem bisherigen Lebensbereich hervor, stark aufgewühlt, wo es zwischen den «hohen Halmen» hervortritt, und ruhiger werdend, kraftvoll gesammelt und ausgeglichener, wo es in die offene Weite einströmt. Kein festes Ziel, keine eindeutig umrissene Absicht ist erkennbar. Die Perspektive ist offen, hell, unendlich und ohne feste Form und Gestalt. Deine Füße sind bereits genau in diese zukunftsorientierte Richtung gestellt, dorthin, wohin die Lebensenergie natürlicherweise unaufhaltsam strömt, hinaus aus allen bisherigen Beengungen und Gefangenheiten, Verstricktheiten und Eingesperrtheiten, aber Dein Kopf wendet sich um, Deine Augen, Dein Geist schauen zweifelnd und ängstlich zurück!

Du bist im Zwiespalt!

Die Yogis sagen: «Die Kräfte des Bauches (Hara)[16] und des Herzens fließen voran (Leben läßt sich nicht aufhalten), aber der Kopf will Dich zurückziehen.» Im Kopf stecken die festgefügten und immer wieder durch logische und rationale Begründungen stabilisierten und fixierten Gedanken und Konzepte, der sogenannte Verstand, mit dessen Hilfe Deine persönliche Ideologie erbaut worden ist, dieses zentrale mächtige Bauwerk wie der babylonische Turm, von dem eine alles beherrschende Macht ausgeht. Solch eine Ideologie wird wie ein Puzzlebild zusammengesetzt aus vielen sogenannten sachlichen und vernünftigen Gesichtspunkten und Argumenten. Sie wird gestützt durch eine entsprechende Übereinkunft mit der Ideologie der um Dich herum lebenden anderen Menschen. Die gemeinsame Tendenz ist: Festhalten, Stabilisieren, keine Veränderungen, fragwürdigen

Neuerungen, kein Risiko, keine persönliche Verantwortung und somit auch nur sehr beschränkte Freiheit. Der Kopf und die dort verankerte Ideologie wollen Dich zur Herde, zur Masse zurückführen, in die Du gesichtslos eingefügt warst, homogen und unauffindbar in den äußerlichen Übereinkünften und gemeinsamen Gewohnheiten. «Masse» ist der zähe Brei in den Niederungen und Senken der menschlichen Landschaft, der alles zu sich zieht und bindet und machtvoll verhindert, daß irgend etwas sich über das allgemein niedere Niveau hinaus erhebt.

Dein Herz jedoch strebt nach Freiheit und Persönlichkeit, nach freier, selbstverantwortlicher Identität. Durch sie wirst Du erkannt und erkennst Du Dich selbst. Du wirst Dir Deiner selbst bewußt und gewinnst Selbstvertrauen und Lebensfreude. Eine ungeheure Kraft erwacht, die zu Wachstum und Entwicklung anspornt, auf allen Ebenen Deiner Existenz. Aber, Du wirst auch erkannt, stehst plötzlich im allgemeinen Blickfeld, wirst mißtrauisch beargwöhnt und nicht mehr aus den Augen gelassen. Du bist einer, der sich aus der Masse erhebt. Alarm!

Wofür entscheidest Du Dich in dieser Lage endgültig? – – –
Wirst Du Deine kindliche Angst und die damit verbundene «regressive Tendenz»[17] überwinden können? – – –

Nur auf diese Weise wirst Du werden, wer Du eigentlich bist, und Deine chronische Unzufriedenheit und Unruhe des Herzens werden beruhigt werden können!

Je mehr Du dem Kopf ängstlich nachgibst, diesem eigenmächtigen, erstarrten, altgewordenen, alle jungen Lebensimpulse verdächtigenden, diffamierenden und bekämpfenden Despoten, der immer die kleine, beherrschbare und unmündige Vergangenheit pflegt mit seinen engen, kleinkarierten, als Sachlichkeit und Vernünftigkeit ausgegebenen Argumenten und die große, freie und lebenserfüllte Zukunft verteufelt und verhindert, desto mehr wirst Du ängstlich den kraftvollen Strom der Lebensenergie unterdrücken. Du wirst mit allen Mitteln versuchen, ihn in der Dunkelheit des Dickichts zurückzuhalten, ihn dort versacken zu lassen oder gewaltsam einzudämmen, wirst wie alle Despoten innerlich ängstlich und eifersüchtig einen Dauerkampf führen gegen das pulsierende Leben in Dir und dort, wo es sich irgendwo außen regt. Je mehr Du also auf diese Weise zurückschaust auf die alten Verstrickungen und Abhängigkeiten, die Du als Deine sicheren Gewohnheiten kennst, werden die «*hohen Halme*», die starken Neigungen und Abneigungen, Begierden und Aggressivitäten, all diese Aufwühlungen des Gemütes und des Geistes, Dich erneut in Bann schlagen, Dich zurückziehen und fesseln!

*

In solchem Zwiespalt, die Füße bereits in die richtige Richtung gestellt, den Blick aber zurückgerichtet, kann die Entwicklung nicht weitergehen. Es ist ein wahrhaft frustrierender Zustand! – Die meisten Menschen entgehen dieser Spannung, indem sie sich einfach zurückfallen lassen und tiefer als je zuvor im Alten versinken. In ihnen hat das Leben keine Chance mehr. Das Leben ist in eine endgültige Sackgasse geraten. Freudlos, lustlos, perspektivlos, hoffnungslos, leblos verhärten solche Wesen ihre alte Ideologie der Enge, Dunkelheit und Lebensfeindlichkeit, und Geist, Seele und Körper beschleunigen den eigenen arteriosklerotischen Prozeß.

Zugegeben, es bedarf immer eines gewissen Mutes, sich in die Offenheit und Undeterminiertheit von Zukunft und Leben zu stellen. Aber es ist notwendig, an einem gewissen Punkt der Entwicklung sogar lebensnotwendig! Es ist eine Krise,[18] ein Wendepunkt, Kreuzpunkt des Lebens, wie er immer dann eintritt, wenn eine bestimmte Lebensphase natürlicherweise zum Ende kommt, die alten Strukturen, Ordnungen und Gesetze an Bedeutung verlieren und das Neue unabwendbar, aber noch nicht richtig greifbar und somit begreifbar ist.

In solche Krisen gerät der Mensch mehrere Male in seinem Leben. Wenn man sich mutig nach vorne tragen läßt, ohne zurückzuschauen und sich an das Alte zu klammern, hat das Leben eine Chance, auf einem völlig neuen Niveau aufzublühen.[19]

Betrachte nochmals ruhig und aufmerksam das Bild! – – –

Der da ins Freie tritt, ins Unbestimmte, in den offenen Raum der Landschaft, welcher zugleich Zukunftsraum, Bewegungsraum, Möglichkeitsraum, Spielraum, Zeitraum, Lebensraum ist, steht sehr «einfach» da. Einfache Kleidung, kein Gepäck, keinen Troß von Besitztümern, materiellen oder geistigen Dingen, die als Ballast festgehalten werden. Ganz einfach! – Einfach in der persönlichen Haltung, einfach im Gebaren, einfach in bezug auf den materiellen und geistigen Aufwand, einfach im Denken und in der gesamten inneren Einstellung, einfach in allen inneren und äußeren Gesten.

Der Mensch neigt dazu, Einfachheit und Schlichtheit zu mißachten; er verwechselt die äußere Einfachheit bei Kleidung, Essen und Lebensstil sehr leicht mit bedauernswerter Ärmlichkeit und Mangelhaftigkeit, und die geistige Einfachheit im Denken, Sprechen und Gebaren sieht er eher als dümmliche Ungebildetheit, denn als schätzenswerte Eigenschaft. So entsteht bei vielen Menschen eine gewisse Aufgesetztheit, Umständlichkeit, Affektiertheit und Kompliziertheit, welche das Wesentliche eher verstellen als in Erscheinung treten lassen. Die gesamte moderne Zivilisationswelt ist, bei Anerkennung all ihrer im einzelnen großartigen Errungenschaften, eher so geprägt, daß Joh. W. Goethes Wort auch hier seine berechtigte Anwendung finden könnte: «Weniger wäre mehr!»

Der da im Bild ins Freie tritt, tut es also in völliger Einfachheit! Das ist von großer Bedeutung für seinen weiteren Weg. In der einen Hand ein Seil, in der anderen eine Peitsche, zwei symbolhafte Attribute, um den Ochsen fangen und zügeln zu können in seiner ursprünglichen Wildheit, sobald er gefunden ist.

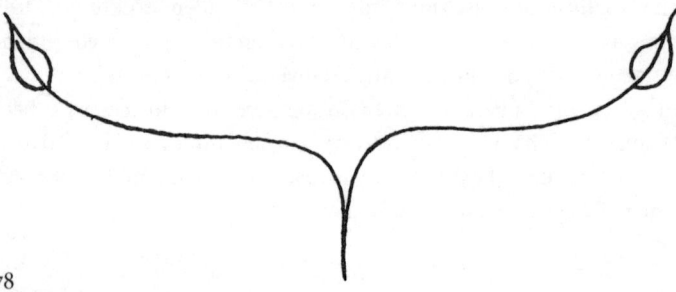

Das Entdecken der Spuren

Kommentar

Im Augenblick, da ich die Lehre verstehe, sehe ich die Spuren des Ochsen. Später lerne ich, daß ebenso wie aus einem einzigen Metall viele Werkzeuge gemacht sind, so auch Myriaden von Einzelwesen aus dem Stoff des Selbst gemacht sind. Wie kann ich, solange ich noch nicht klar sehe, das Wahre vom Unwahren unterscheiden? Zwar bin ich noch nicht durch das Tor getreten, doch den Pfad habe ich jetzt erkannt.

Am Flußufer entlang, unter den Bäumen,
entdecke ich Spuren!
Sogar unter dem duftenden Grase
entdecke ich seine Fährte.
Tief in fernen Gebirgen wird sie gefunden.
Diese Fährte ist so wenig zu übersehen
wie die eigene Nase, die zum Himmel hochblickt.

Der kritische Punkt ist überwunden.
Alles Fesselnde, Hinderliche, Blockierende ist aufgelöst: Freier Raum und Bewegung! Der Mensch in vollem Lauf, eindeutig, ohne innere Bedenken, ohne Wenn und Aber. Das Leben, selbst Bewegung, hat in Bewegung gesetzt. Voller Kraft und Zuversicht, mit Leib und Seele, in fließendem Schwung bewegt sich das Leben voran, wach und bewußt Ausschau haltend nach dem Ochsen. Kein Zaudern und zweifelndes Argumentieren hält ab von der Suche nach der «Wahren Natur» hinter allen äußeren Phänomenen, die auf dem zweiten Bild auch völlig aufgelöst sind, ganz im Hintergrund verschwunden. Nur eine weiße Wolke erinnert, daß dies ganz hier und jetzt auf der Erde geschieht, nicht fernab irgendwo und irgendwann, sondern

Hier und Jetzt.

Und, da alles in Bewegung gekommen ist, man nirgendwo mehr festsitzt, werden auch Spuren entdeckt, die Spuren des Ochsen, Spuren der «Wahren Natur». Genau dort, wo vorher noch all die Irrwege, die fruchtlosen Wegstrecken waren, entlang der Flußläufe, auf den bewachsenen Wiesenflächen, ja selbst in den «fernen Gebirgen», allüberall werden plötzlich Spuren entdeckt, wesentliche Spuren, Hinweise auf die Existenz des Ochsen. Es ist da nichts anderes als der erwachende Geist, die Augen, die jetzt wirklich sehen, und die Ohren, die jetzt wirklich hören.[20] Wie blind und dunkel war es doch bislang! Jetzt beginnt der erwachende Geist hinter den vordergründigen Erscheinungen das Wesentliche, Essentielle zu ahnen.

*

Bisher bist Du vielleicht sehr hinter dem Geld hergewesen, hast alle Deine Fähigkeiten und Kräfte und all Deine Zeit eingesetzt, um Geld zu erhalten, Geld zu speichern und auf solche Weise Besitz und Reichtum zu gewinnen. Jetzt merkst Du, worum es eigentlich geht: Du möchtest reich sein! Reichsein ist etwas anderes als Geld haben. Solange Du arm warst, meintest Du, Geld haben zu müssen. Jetzt merkst Du, daß das eigentliche Anliegen war, reich zu sein. Du hast Geld, aber Du bist nicht reich; Dein Leben verläuft ähnlich armselig wie bislang. Das Geld und Deine gesicherten Konten haben nichts wesentlich geändert! Das Leben erlebst Du nicht reicher, farbiger und glutvoller. Im Gegenteil, Du bist nur um eine Enttäuschung reicher. Aber genau diese Ent-Täuschung ist es, die Dich vor einer weiteren Täuschung befreit hat, so daß Du das eigentliche Anliegen des Lebens nun spürst: reich sein wollen.

Im Weisheitsbuch des Alten Testaments ist von «der Fülle des Lebens» die Rede, und auch Jesus ging es um nichts weniger, als er der Samariterin am Jakobsbrunnen vom «ganz anderen Wasser» sprach, das nicht mehr durstig macht.[21] Dein Herz sagt Dir, Du möchtest reich sein, Dein Leben möge voller Qualität und Schönheit sein. Dies ist das urnatürliche Anliegen in jedem Menschen, das sich tief im Herzen als «Sehnsucht des Herzens» regt und äußert. Achte darauf, richte die wache, sensible Aufmerksamkeit auf dieses innerste Anliegen der Natur und konzentriere Dich auf die aufsteigenden, bewußtwerdenden Zeichen! Projiziere jedoch diese in Dir selbst erwachende und Dich selbst betreffende Energie nicht nach außen! In Dir selbst will es Qualität und Schönheit gewinnen! Sobald Du den Blick nach außen verlagerst und Bilder projizierst, suchst Du außen zu erreichen, was in Dir selbst zur Entfaltung kommen will. Schaffe also in Deinem eigenen Herzen, in Deinem eigenen Geist genügend Raum, daß sich entfalten kann, was aus dem inneren Samenpotential gedeihen und aufblühen möchte! Du selbst bist es ureigentlich, was gedeihen, aufblühen und letztendlich Frucht tragen möchte. Sobald Du Dir dessen bewußt bist, bist Du «auf der Spur», so lebendig, hoffnungsvoll und guter Dinge wie auf dem Bild von Meister Kakuan.

Verweile in ruhiger Betrachtung bei diesem Bild!
Atme bewußt von dort her ein und in Richtung des Laufes aus!

Bislang suchtest Du vielleicht auch, durch sportliche, wissenschaftliche, berufliche oder private Erfolge stark und machtvoll zu sein. Du bemühtest Dich, besser, stärker, überlegener zu sein als andere, und selbst wenn Du immer unterlegen und zu kurz gekommen warst, ging es Dir darum; sonst hättest Du nicht unter der ewigen Konkurrenz, Unterlegenheit und Schwäche gelitten. Jetzt, wo Du zu erwachen beginnst, entdeckst Du auch hier die Spuren des Ochsen: Hinter all den schulischen, beruflichen und privaten Anstrengungen um Erfolg ging es nur vordergründig um die jeweilige Angelegenheit, eigentlich wolltest Du Stärke und Macht. Ein König hat Stärke und Macht. Sie garantieren seine Freiheit und Souveranität, seine Unangefochtenheit und Sicherheit. Ein Knecht ist ohnmächtig, ohne Macht und Stärke, ohne Freiheit und Unangefochtenheit. Er bleibt ausgeliefert den jeweiligen Verhältnissen, ist ohne eigene Souveranität. Jetzt spürst Du, was das Leben in Dir und mit Dir erreichen möchte; es möchte aus Dir eine gefestigte, ruhende, angstfreie und souveräne Persönlichkeit werden lassen.

Jetzt beginnst Du Dich zu lösen und zu befreien von allem, was Dich gefangenhält, knechtet, schwach und unsouverän macht. Wenn Du genau und ehrlich hinschaust, merkst Du, daß Dich eigentlich niemand daran hindern kann, ganz Du selbst zu sein, ein freier, königlicher Mensch. Du lebst in einer weitgehend offenen und freiheitlichen Gesellschaft. Was Dich klein, gefangen, armselig und ohnmächtig fühlen läßt, sind die vielen unnötigen Abhängigkeiten, Süchte und Bedürfnisse einerseits und die vielen Ablehnungen und Unverträglichkeiten andererseits, die Dich daran hindern, jeweils frei und schöpferisch zu entscheiden, ja oder nein zu sagen, selbständig, eigenständig und verantwortlich zu sein. Einerseits bist Du weitgehend gefangen, eingesperrt und gekettet an Deine vielfältigen Zuneigungen und Abneigungen, hängst an ihnen fest und bist deshalb nicht frei in Deinen Entschlüssen und Entscheidungen. (Deshalb zielen des Buddha immer wiederkehrende Anweisungen darauf, jegliche Art «Anhaftung oder Verhaftetsein» aufzulösen.) Andererseits bist Du feige oder einfach auch zu faul, für ein klares Ja, für eine klare und eindeutige Bereitschaft Dich ohne Wenn und Aber auf eine Sache einzulassen und die entsprechenden Konsequenzen zu tragen, und ebenso zu schwach oder feige zu einem klaren Nein, zu dem Du dann auch stehst, wenn Dir Gegenwind ins Gesicht bläst. Du möchtest Stärke und Macht haben, aber sie fehlen Dir, weil Du kein selbstverantwortliches Ja oder Nein setzt. Du machst Dich selbst schwach durch feiges Ausweichen und Manövrieren, Hin- und Herlavieren.

Du überläßt die Entscheidung und Verantwortung meist den anderen und dem Schicksal und begnügst Dich, über Deine Ohnmacht zu klagen, über das Schicksal zu klagen und über die Macht der anderen zu klagen. Solange Du Deine eigene Entscheidungsfähigkeit und Verantwortlichkeit ausläßt, haben andere über Dich, vor allem aber irgendwelche Reizauslöser der Umwelt auf Deine Emotionen und Deinen Geist ungeheuren Einfluß. Ängste und Aggressionen, Wut und Ärger, Mißgelauntheit und Gereiztheit einerseits, Gier und Begehrlichkeit, Bedürfnisse und süchtige Abhängigkeiten andererseits okkupieren Deine emotionalen und geistigen Kräfte. Statt daß Du die Flut der Neigungen und Abneigungen beherrschst, wirst Du von ihr vollkommen beherrscht.

Jetzt, da Du zu erwachen beginnst und deutlich merkst, was hinter alldem steckt, und daß Du weder mit Deinem Zorn, Deinen Wutausbrüchen und Aggressionen, mit Deinem Ärger und Deinen unbeherrschten Abneigungen noch mit Deinen aufgeputschten Leidenschaften und ungezügelten Neigungen wirklich stark und machtvoll, sondern hilflos und ohnmächtig ausgeliefert, armselig und schwach, unfrei und vollkommen geknechtet bist, «verhaftet», wie der Buddha sagt, kannst Du Dich von alldem lösen und befreien, um tief aus Dir selbst eine eigenständige, freie und selbstvertrauende Instanz aufzubauen, die sich durch viele kleine und große ichverantwortliche Entscheidungen stetig festigt.

*

Erinnere Dich, was weiter oben gesagt wurde: Wie blind und dunkel war es doch bislang! Jetzt beginnt der erwachende Geist, hinter den vordergründigen Erscheinungen das Wesentliche, Essentielle zu ahnen.

Wenn Du dies verstehst, rennst Du hinter keinen falschen Phantomen mehr her, suchst Dich nicht mehr nach außen bombastisch aufzublasen wie der Frosch in der Fabel von Äsop, sondern gehst die Sache angemessener und gezielter an: Du bist «auf der richtigen Spur», wie man sagt, auf der Spur der «Wahren Natur», wie der Hirte auf dem zweiten Bild. *Kommentar:*

«*Im Augenblick, da ich die Lehre verstehe,
sehe ich die Spuren des Ochsen...*»

Die Lehre des Buddha, die Lehre Jesu und die Lehren aller Großen Meister und Mahatmas sind gleich, wesensgleich!
Laß Dich nicht von dem Gezänk der Theologen und Philosophen, all der Dogmatiker und Ideologen verwirren, die ihre hochbezahlten Exegesen systematisch darauf aufbauen, Widersprüche und Gegensätzlichkeiten aufzuweisen und zu konstruieren! Wahrlich, diese sind zu finden in der Geschichte der Kirchenreligionen und in ihren zweit- und drittrangigen dogmatischen Lehrgebäuden, Kirchenrechtssatzungen, Ritualen und volkstümlichen Auslegungen, ganz außen also in den Peripheriebereichen der Religionen und in ihren kulturgeschichtlichen Ausdrucksformen. Die Lehre selbst, der essentielle Wesensgehalt einer vollkommen erwachten Bewußtheit, wie sie die Großen Meister tatsächlich repräsentiert haben, ist eindeutig, einfach und klar![22]
Sobald Dein eigener Geist befreit wird von allen täuschenden «Sinnesverwirrungen» (siehe Bild 1), erkennt er in zunehmendem Maße «die Lehre», das Wissen um die «Wahre Natur» aller Existenz des Hier und Jetzt. Die hierfür förderliche Methode ist die Meditation.[23]

«*Später lerne ich, daß ebenso wie aus einem einzigen Metall viele Werkzeuge gemacht sind, so auch Myriaden von Einzelwesen aus dem Stoff des Selbst gemacht sind...*»

Später erst, wenn die Klarheit des erkennenden Geistes bedeutend gewachsen ist, erkennt man durch persönliche Einsicht und ohne die verwirrende Vielfalt theologischer Theorien die *Einheit* allen Seins, die wesensgemäße Einheit aller Einzelphänomene und Einzelwesen. Nicht Du, nicht ich, nicht irgendwer hat für sich

und allein die «Wahre Natur»! Es ist da nichts Abgespaltenes, Isoliertes, Getrenntes. Die «Wahre Natur» ist allen Wesen gemeinsam und gleich!
Schau im großen Panorama die Gebirgskette der Alpen, der Anden oder des Himalaya! Ganz oben und außen erkennst Du die Vielzahl einzelner Bergspitzen, jeweils mit einem eigenen Namen versehen, einer eigenen Höhenzahl und scheinbar eigener Identität. Die «Wahre Natur» erkennst Du leicht, wenn Du von oben und außen mehr nach unten und innen schaust: Sie alle sind im Grunde eins, wesensgleich im Fundament. Schaust Du tiefer und inwendiger, siehst Du sogar, wie alle Gebirge der Welt zugleich eine einzige, gemeinsame Schicht abgekühlter Lavaglut sind, letztendlich also kosmische Energie, manifestiert in dieser vorläufigen, für meine Augen sichtbaren Weise. So sehen ist der Beginn von Meditation, die über Klarheit zu Ein-Sicht und Durchschauung führt. Wie tief in Raum und Zeit kannst Du bereits einsehen? –
Nicht anders ist es mit den Menschen und allen fühlenden Wesen. Außen und oben an der Peripherie unterscheiden sich alle sehr stark, wie die Bergspitzen und wie die Religionen und philosophischen Theorien. Je tiefer Du in die Menschen hineinschaust, je tiefer Du Einsicht gewinnst in Dich selbst, hinter die Fassade der eigenen vordergründigen Identitätsschale, erlebst Du tiefer und tiefer Dich versenkend die «Wesensgleiche Weisheit». Dies ist der zweite Weisheitsaspekt der «Wahren Natur» aller Lebewesen,[24] der offenbar wird durch solche Art Meditation und Versenkung.

«Wie kann ich, solange ich noch nicht klar sehe, das Wahre vom Unwahren unterscheiden?
Zwar bin ich noch nicht durch das Tor getreten, doch den Pfad habe ich jetzt erkannt.»

Das oben Angedeutete erscheint in dieser Entwicklungsphase nur als Geahntes, als vages Zeichen, wie Spuren im Schnee, die mir die Richtung weisen und mich vertrauen lassen. Erst wenn «das Tor durchschritten» ist, ist es unauslöschbare, tragende Gewißheit. Das Tor durchschreiten muß ich selbst! Niemand kann es für mich tun, kein Gelehrter, kein Weiser und Heiliger, kein Prophet oder Mahatma. Ich selbst muß den Weg allen Lebens gehen und das Tor der Erkenntnis durchschreiten!

Der Buddha selbst, genau wie Jesus auch, hat die Menschen immer wieder aufgefordert, diese Selbstverantwortung, diese persönliche Möglichkeit und Freiheit, diesen eigenen Erwachungsprozeß zu fördern, um nicht weiterhin in blinder Abhängigkeit und Anhängerschaft von Theologen und Ideologen oder in sonst irgendeiner Form von Knechtschaft zu verbleiben.

Dies ist die Frohe Botschaft aller wahrhaft Großen Meister, und sie ist auch der markante Maßstab dafür, ob man einem geistigen Lehrer und Guru vertrauen kann oder nicht.[25]

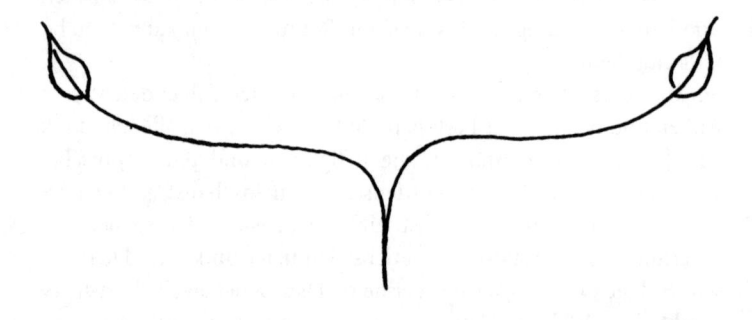

Der Ochse wird aufgespürt

Kommentar

Sobald man die Stimme hört, spürt man, woher sie kommt. Sobald die sechs Sinne verschmelzen, hat man das Tor durchschritten. Von wo man auch eintritt, überall sieht man den Kopf des Ochsen. Diese Einheit ist wie das Salz im Wasser, wie der Farbstoff in der Farbe.
Nicht das geringste Ding ist abgetrennt vom Selbst.

Ich höre das Lied der Nachtigall.
Die Sonne ist warm, der Wind ist lau,
die Weidenbäume sind grün
am Fluß entlang.
Hier kann sich kein Ochse verstecken!
Welcher Künstler vermag diese mächtige Stirn
zu zeichnen,
und dies majestätische Gehörn?

Welch ein erhabener Augenblick! Welch eine Schönheit und Kraft! Welch ungeheure Intensität und Verzauberung! Nichts hat sich verändert – alles hat sich verändert! Der Ochse, die «Wahre Natur», wurde zum erstenmal erkannt. Alles war immer schon gegenwärtig, nichts ist hinzugekommen, und doch spüre ich genau und erlebe es ringsum mit all meinen Sinnesorganen und mit wachgewordenem Geist: die Natur. Alles, was ich sehe und höre, rieche und schmecke, berühre und was sich im Geist spiegelt, ist nicht nur vordergründige Erscheinung, sondern voll abgründiger und hintergründiger Kraft und Schönheit.

«Welcher Künstler vermag diese mächtige Stirn zu zeichnen,
und dies majestätische Gehörn?»

Tiefes Naturerlebnis geht vollkommen durch den Menschen hindurch. Es wird unmittelbar erfahren, was die Yogis meinen, wenn sie sagen: «ES atmet durch Dich hindurch.» Auf einmal ist man kein von der Natur getrenntes, isoliertes Wesen mehr; man selbst ist Natur in der Natur und mit der Natur. Ein abgrundtiefer Strom von Energie und Leben pulsiert durch Körper, Herz und Geist, und man fühlt und erlebt, wie ES ebenso durch die mächtigen Baumstämme und deren Astwerk, durch die tausendfältigen Blumen und Gräser, durch die Käfer, Grillen und Vögel hindurchwirkt, atmend, pulsierend, drängend und aufsprießend in vielfältiger Form von Düften, Farben, Tönen, Formgestaltungen, Bewegungen, Empfindungen, Beziehungen… Plötzlich ist ringsum alles von Leben erfüllt; selbst die Elemente wie Wasser, Erde und Luft vibrieren und offenbaren ihre le-

bendige und schöpferische Kraft. – Es ist, als wäre in uns eine Türe aufgesprungen, und wir erkennen den Ochsen.
Kürzlich stand ich bereits eine ganze Weile ruhig zwischen hohen Bäumen und niedrigem Farnkraut im Wald, unweit von meiner Tiroler Einsiedelei, ruhig die vielfältigen Schönheiten der unmittelbaren Umgebung betrachtend und genießend. Plötzlich fiel mein Blick etwa 20 Meter vor mir inmitten einer halbhohen Fichtenschonung auf den «riesigen» Kopf eines ausgewachsenen männlichen Hirsches mit seinem stattlichen und königlichen Gehörn. Äußerlich blieb ich ebenso bewegungslos, «versteinert» wie der Hirsch selbst, aber ein gewaltiger Schrecken durchfuhr mich, so plötzlich wie die Wahrnehmung selbst, und ein Energiesturz durch den ganzen Körper. Gewaltig, urmächtig, tatsächlich majestätisch, wie Meister Kakuan beschreibt, zu allerhöchst konzentrierte Lebensenergie in einer herrscherlichen, königlichen Haltung! So stand er in voller Größe unweit vor mir. Wir schauten uns beide an, von Angesicht zu Angesicht. Mein Schrecken war gewichen; mir war, wir beide schauten uns ebenbürtig an, vom Lauf des Lebens in dieses unmittelbare und ungewöhnliche Gegenüber gebracht, zwei Wesen gleicher Natur in gemeinsam erlebter Situation, von Angesicht zu Angesicht eine lange, lange Weile! Keiner von beiden ist ausgewichen, keiner von beiden hatte den anderen mißachtet, keiner von beiden sich selbst in Frage gestellt. Beide vermochten ihren anfänglichen Schrecken und somit jegliche Aggressivität zu überwinden, und beide hielten lange Zeit diese ungewöhnliche Situation würdevoll von Auge zu Auge, von Bewußtsein zu Bewußtsein aus. Es war eine Begegnung mit dem «Ochsen», Begegnung mit der «Wahren Natur»!
So kann es tausendfältige Begegnungen geben in und mit der Natur, Berührungen, Verschmelzungen, verzückende Wahrnehmungen im Kleinen und im Großen. Von dem indischen Heiligen Ramakrishna wird berichtet, daß er zum Erstaunen und manchmal gar zum Erschrecken seiner Jünger immer wieder in ekstatische Verzückungszustände gefallen sei, wenn er bei Spaziergängen seine Augen schweifen ließ und in eine Verfassung absoluter Begegnung, Verschmelzung und Einheit mit der Natur und ihrem göttlichen Wesensgrund geriet.

– Soweit sind unsere persönliche Entwicklung und unser Erwachungsprozeß nun wirklich noch nicht. Wir sind im dritten Bild erst einmal dabei, den Ochsen als solchen hinter allen Dingen zu entdecken:

«*Ich höre das Lied der Nachtigall.*
Die Sonne ist warm, der Wind ist lau,
die Weidenbäume sind grün am Fluß entlang.
Hier kann sich kein Ochse verstecken!»

Im *Kommentar* nun wird klar gesagt, wie es dazu kommt, daß plötzlich eine ganz neue Wahrnehmungs- und Erlebnisweise möglich ist:

«*Sobald die sechs Sinne*[7] *verschmelzen,*
hat man das Tor durchschritten.»

Das Tor ist die Öffnung, der Ausgang aus der Dunkelheit zum Licht, aus der Höhle nach draußen,[26] aus Blindheit zur Wahrnehmung, aus Schlaf- und Traumbewußtsein zum Erwachen, aus der Oberflächlichkeit und Vordergründigkeit in die Hintergründigkeit und Eigentlichkeit. Alle geistigen Übungen, dort wo sie ernsthaft und solide gelehrt und praktiziert werden, zielen darauf ab, zu diesem Tor hin und durch es hindurch zu führen. Dies mag im einzelnen in den verschiedenen Schulrichtungen auf diese oder jene Art geschehen, grundlegend gemeinsam ist folgendes:
Aus der Turbulenz des Alltags kommend, die geistige und seelische Energie zerrissen, zerteilt, zerstreut, in unzählige Einzelstimmungen zersplittert, hin- und hergerissen von den erregenden Impulsen und Reizen der Außenwelt, aufgewühlt und belagert durch eigene innere, aktiv gewordene Inhalte und Bilder, ist es höchste Zeit, daß man ganz bewußt zunächst ein «STOP» setzt und sich zurückzieht an einen ungestörten, ruhigen Platz, alle Bindungen, Verpflichtungen, Aufgaben, Arbeiten, menschlichen Berührungen und Auseinandersetzungen für eine Weile bewußt loslassend. Man schafft sich einen gewissen Raum,

Zeitraum, Freiraum, um sich ganz bei sich selbst einfinden und sammeln zu können. Es handelt sich um das tägliche «kleine Retreat», welches uns hilft, den Geist und die psychische Energie erneut zu reinigen, zu entspannen, zu konzentrieren und so stabilisierend neu aufzurichten. Mit Hilfe gesammelter Aufmerksamkeit auf Körperhaltung, Atem und Bewußtsein verbessert man die augenblickliche körperliche und geistige Verfassung, die äußere und innere Haltung. «Aufrecht, locker & gelöst und ruhig» sind die drei Qualitätsmerkmale, welche man mehr und mehr entwickelt. Sobald sich die Aufmerksamkeit von der Außenwelt, dem erlebten Tag mit all seinen vielfältigen Angelegenheiten und Wichtigkeiten, gelöst hat und auf den Bereich «zwischen Scheitel und Fußsohle, Scheitel und Fingerspitzen» gerichtet ist, wird natürlicherweise das eigene Innere aktiv und belagert das Bewußtsein. Hier beginnt der schwierigere Teil der Praxis, die Kunst, mitten innerhalb dieser inneren Turbulenz «eine Insel der Ruhe und Gelöstheit» zu schaffen. Selbstverständlich gibt es auch hier praktisch-konkrete Hilfen und Methoden, die in diesem Buch jetzt nicht Thema, jedoch in dem Buch «TARA. Weiblich-göttliche Weisheitskraft im Menschen»[27] enthalten oder in Zusammenarbeit mit einem guten und vertrauenswürdigen Lehrer zu erlernen sind. – Es möge betont sein, daß gerade solche konkreten Ansätze und Praktiken und deren persönliche Anwendung im Alltag von größter Wichtigkeit sind, will man im Ganzen eine Entwicklung fördern und dabei auch zu echten Ergebnissen gelangen, wie sie in diesem Buch aufgezeigt sind.

Je mehr in der Folge die körperliche Verfassung, das Gemüt und der Geist von allen einzelnen Auseinandersetzungen, Erregungen und Bewegungen befreit und entspannt werden, um so eher vermag man sich auf die ganz neue Qualität der Ruhe zu konzentrieren und mehr und mehr in sie völlig einzutauchen und sich vollkommen von ihr durchdringen zu lassen. Es mag außen das Leben weitergehen, auch in uns mögen die Prozesse des Körpers und Geistes weiter aktiv sein, wir selbst mitten darinnen verweilen in äußerster Ruhe und wacher Aufmerksamkeit! Wenn dies gelingt, ist es der Punkt, an welchem «die sechs Sinne verschmelzen».

*Diese Einheit ist wie das Salz im Wasser,
wie der Farbstoff in der Farbe.»*

Es besteht eine reine, ungeteilte, ruhige, alles umfassende und alles durchdringende Wachheit und Bewußtheit, eine wahrhaft ganzheitliche Wahrnehmungsfähigkeit. Der Geist springt nicht von diesem Phänomen zu jenem, diskutiert, argumentiert und kommentiert nicht mehr, gerät nicht in verwirrende Auseinandersetzungen, zerteilt sich nicht mehr in widersprüchliche Einzelstandpunkte, sondern ist rein und klar und umfassend wie der unendliche klare Himmelsraum, wie eine große, völlig ruhige Wasseroberfläche oder wie ein von allem Staub befreiter Spiegel: Die Wirklichkeit ungeteilt und ohne Täuschung vollkommen wahrnehmend, erfassend und erlebend. Dies ist, was mit solchen Bildern (Wasser, Himmelsraum, Spiegel) immer wieder auf verschiedene Weise beschrieben worden ist: «Man hat das Tor durchschritten.»
In diesem Augenblick sieht und erlebt man die kleine alltägliche und die große Welt, die Natur der Dinge und Verhältnisse des Lebens völlig neu und eigentlich jetzt überhaupt erstmalig richtig. Hinter den äußeren Erscheinungen «wird der Ochse entdeckt», die alles umfassende und alles durchdringende «Wahre Natur». Noch nicht wird diese «Wahre Natur» in ihrer ganzen Weite und Tiefe, Qualität und Bedeutung erfaßt und verstanden, aber immerhin wird sie «entdeckt» und neben den bloßen Sinneserfahrungen als andere Wirklichkeitsdimension erkannt. «Hier kann sich kein Ochse verstecken.»

*«Ich höre das Lied der Nachtigall.
Die Sonne ist warm, der Wind ist lau.
Die Weidenbäume sind grün am Fluß entlang.»
«Sobald man die Stimme hört, spürt man, woher sie kommt...
Nicht das geringste Ding ist abgetrennt vom Selbst.»
«Hier kann sich kein Ochse verstecken...»*

Die in mir schweigende, ruhige und entspannte wache Aufmerksamkeit wird empfänglich für den Atem der Natur außen und innen, gewinnt ein Gefühl für die lebendige Verwobenheit aller Erscheinungen und für die Schönheiten und Qualitäten ihre vielfältigen Ausdrucksweise.

> «Ich höre das Lied der Nachtigall,
> die Sonne ist warm, der Wind ist lau.
> Die Weidenbäume sind grün am Fluß entlang.»

Wann je oder wann letztmals hast Du Dich so eingebettet und verwoben, wohltuend aufgehoben, gefühlt im Atem der Natur, der alles durchzieht, das Frühjahr, den Sommer, den Herbst und den Winter und jederzeit alle Kreatur, jedwedes Ding und Dich selbst sowie alle Atome und Moleküle und Zellen, die Dich tragen?

*

Komm, lausche dem Lied der Nachtigall!
Nimm es nicht nur als eine poetisch-verbale Klangformel, sondern völlig konkret: das Lied einer Nachtigall wirklich hören und das aufsprießende Grün der Weidenbäume bewußt betrachten und genießen und die Qualität des Windes auf der Haut spüren! Sich also mit Körper, Geist und Gemüt wirklich ganz einlassen auf die Berührung und Beziehung, den unmittelbaren Kontakt mit der Natur!
Komm heraus aus Deinen vielfältigen Abschirmungen und künstlichen Welten, heraus aus Deiner Komfortwohnung, heraus aus Deinen zeit- und kraftraubenden Aktivitäten, heraus aus Deinen hybriden Plänen und Vorhaben, heraus aus Deinen endlosen Ablenkungen und Zerstreuungen, heraus aus dem äußeren Stadtlabyrinth und dem inneren Labyrinth Deiner Gedanken, Theorien, Konzepte und Definitionen, den ideologischen Grablinien und lichtarmen Höhlengängen!
Schau:
Die Sonne ist warm, der Wind ist lau,
die Weidenbäume sind grün am Fluß entlang.

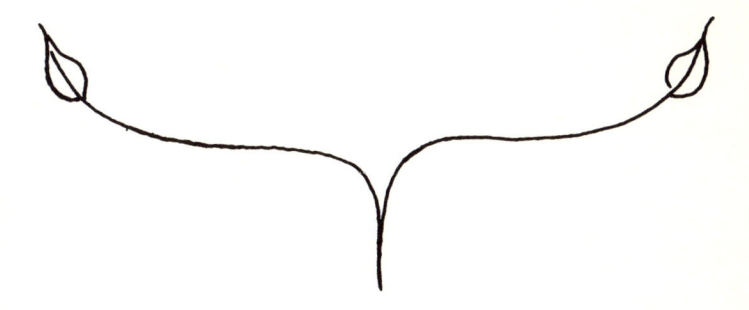

4

Der Ochse wird eingefangen

Kommentar

Er wohnte lange Zeit im Wald, aber heute fing ich ihn!
Verliebt in schöne Ausblicke, verliert er seine Richtung.
Voll Sehnsucht nach süßerem Gras, wandert er ab.
Sein Sinn ist noch bockig und ungezügelt.
Wenn ich will, daß er sich fügt, muß ich meine Peitsche heben.

Mit ungeheurem Kampf fange ich ihn.
Seine große Willenskraft und Macht
sind unerschöpflich.
Er galoppiert zum Felsplateau hinauf,
hoch über dem Wolkendunst;
oder steht in unwegsamer Schlucht.

Betrachte dieses Bild genau und lasse es genügend lange auf Dich einwirken!

*

Du spürst die ungeheure Energie, die wilde, ungebändigte vitale Kraft. Du siehst sie nicht nur auf dem Bild vor Dir drastisch einfach und überwältigend eindrucksvoll gemalt, sondern merkst unter Umständen an Dir selbst, wie da auf einmal etwas lebendig wird, elementar kraftvoll «aus dem Bauch aufsteigend», wie die Yogis sagen, den Herzschlag beschleunigend und den Atemgang vertiefend. – Es hat mit Dir zu tun! Es geht offensichtlich auch Dich etwas an. Es ist etwas, woran Du Anteil hast, was bislang in Dir versteckt, vergraben, zumindest aber eingefriedigt und eingesperrt geblieben ist, so sehr im Untergrund und dort zurückgehalten, daß Du möglicherweise eine gewisse Angst und Abwehr dagegensetzt, nicht zuläßt, ausweichst, den Blick von diesem Bild abwendest, um das eigene innere dynamische «Bild» zu löschen. Diese ungeheure Kraft und Vitalität – «Seine grosse Willenskraft und Macht sind unerschöpflich» – mögen nicht unbedingt jetzt beim ruhig-anhaltenden Betrachten des Bildes aufsteigen, aber das Leben selbst konfrontiert jeden von uns mit genügend Bildern, durch welche natürlicherweise die eigene innere Natur angeregt, erregt und aktiviert wird. Die meisten Menschen fürchten sich vor der Kraft der Natur und ebenso auch vor der eigenen Lebenskraft. Sie verdrängen sie, verhindern ihre Entfaltung im Körper und ebenso ihr Einwirken auf Gefühle und Geist. Der «kühle Kopf» diffamiert, verunglimpft und negiert diese ursprüngliche Energie, weil er sie nicht so einfach beherrschen, manipulieren und knechten kann wie sonst die Dinge und Menschen ringsum, die wenig eigene vitale Urkraft aufbringen.

Genau hier ist nochmals ein kritischer, zugleich aber entscheidender Punkt «auf der Suche nach Erkenntnis, Glück und Erfüllung». Jetzt gilt es, «den Stier an den Hörnern zu fassen», wie man im Volksmund sagt, wenn man ausdrücken will, daß es gilt, tatkräftig zuzupacken, eine Sache endgültig anzupacken und zu meistern. Alles vorbereitende Betrachten, Erwägen, Nachfragen, sich Absichern und Vergewissern, alles Argumentieren und Pläneschmieden hat nun ein Ende. – Hier, ganz unmittelbar hast Du den Ochsen vor Dir; Du siehst ihn allüberall in allen Ecken und Winkeln. Er springt Dich regelrecht an aus allen Erscheinungen der Natur und ist deutlich in Dir selbst erwacht und funkelt Dich mit glühenden Augen und sprühenden Nüstern von innen her an. Es gibt kein Ausweichen! Jetzt gilt es zu handeln, nicht zögerlich und halb, nicht ängstlich und unsicher zuckend, sondern mit ganzer Kraft und Geschicklichkeit das Seil anzuwenden und die Peitsche. Dieser Ochs soll nicht mehr entkommen, nachdem er endlich gefunden und sogar fast schon eingefangen worden ist. Die «Wahre Natur», diese «unerschöpfliche Willenskraft und Macht des Ochsen», diese kosmische Schöpfungskraft in allen Lebensformen unter, auf und über der Erde soll endlich bewußt wahrgenommen und erlebt werden und nicht mehr ins dunkle, dumpfe Unbewußtsein und Vergessen zurücksinken können. Das Seil dient nur, ihn zu fangen, die Peitsche nur, ihn zu bändigen, nicht aber, seine Energie zu schmälern. Auch die Kraft der Wildpferde, wenn sie gefangen werden, wird keinesfalls gebrochen, wie es Methode nur von Diktatoren, Piraten und Religionsfanatikern ist, sondern sehr wohl geschätzt als Basis und Kern der späteren Kultivierung.

*

Sowohl im mehr poetischen Text als auch im Kommentar wird die anfängliche Neigung des Ochsen beschrieben:

«Er wohnte lange Zeit im Wald...
Verliebt in schöne Ausblicke, verliert er seine Richtung.
Voll Sehnsucht nach süßerem Gras, wandert er ab.»

Es ist das Bild einer urwüchsigen Natur, die Idylle einer naiv-primitiven-paradiesischen Urverfassung, zu der sich besonders der durch Technik, Großstadtleben, Industrialisierung und Bürokratisierung naturentfremdete Mensch manchmal nostalgisch zurücksehnt, die Welt der Naiven und Primitiven in dem Sinne, wie es Gauguin glorifizierend gemalt hat. Dem Dickicht der völligen Abhängigkeiten von Familie, Beruf, Kirche und anderen Konventionen entronnen, ist man «verliebt in schöne Ausblicke». Das ist verständlich und für eine Weile sogar eine ausreichende Perspektive. Viele meiner Generation haben diese große Sehnsucht gespürt und haben ihr auch genügend Raum gegeben. Bei einigen von ihnen sind daraus sogar neue, wertvolle Einsichten, Qualitäten, Orientierungen und praktische Wege erwachsen, die dazu geeignet waren, alte festgefahrene, leb-, lieb- und lichtlos gewordene Zwangsmuster aufzubrechen und menschlichere und zukunftsvollere Lebensformen zu entwickeln. Viele von ihnen jedoch haben sich völlig in dieser und an diese Sehnsucht verloren. In einer bestimmten gesellschaftlichen oder persönlichen Entwicklungsphase ist diese «Sehnsucht nach süßerem Gras» für eine geraume Weile eine ausreichende Perspektive und Kraft. Dann aber «verliert man seine Richtung» in zunehmendem Maße und ist mehr und mehr den Launen des Zufalls ausgeliefert. Das wahre Leben besteht nicht nur aus Träumen, Idyllen, schönen Ausblicken, wie es die «Blumenkinder» der sechziger Jahre erstrebten und zu verwirklichen suchten. *«Voll Sehnsucht nach süßerem Gras wandert er ab.»* Ausschließlich dem Lustprinzip folgend, entzieht er sich zunehmend der Realität, von der er sich nicht gefangenhalten lassen will.
Er ist noch sehr jung, *«sein Sinn ist noch bockig und ungezügelt»;* er läßt sich nicht ohne weiteres zügeln, disziplinieren, in eine Ordnung

stecken, reglementieren. Das gibt ihm seine Frische, seine wohltuende Unbefangenheit und Unbekümmertheit, aber auf Dauer hat dies einen Haken:

«Er galoppiert zum Felsplateau hinauf, hoch über dem Wolkendunst; oder er steht in unwegsamer Schlucht.»

Gewöhnt, im Dunkel des Unbewußten, ungesehen, blind und unkontrolliert wirken zu können, mal da-, mal dorthin springend, will er sich nun unbedingt dem Zugriff des erwachenden Bewußtseins entziehen. Er wittert Disziplinierung, er fürchtet den Verlust seiner Freiheit, nicht wissend, wie kümmerlich diese bisher im Untergrund war, gewissermaßen immer nur untertage und ohne die großartigen Möglichkeiten einer bewußteren, reiferen und helleren Spielart. Er weicht aus, wo er nur kann, nach oben, zur Seite oder nach unten.

Viele Menschen neigen dazu, sich der Realität zu entziehen, weil diese durch ihre Vielgesichtigkeit und Vielschichtigkeit oft genug provozierend, herausfordernd und wenig ichbestätigend ist.

Alle Wirklichkeit ist von Grund auf von drei eklatanten Aspekten geprägt:

Vielfältigkeit, Widersprüchlichkeit und Vergänglichkeit.

Alle drei Aspekte ängstigen den Menschen, dessen Geist noch nicht völlig erwacht oder erleuchtet ist. Je nach Mentalität sind Resignation, Mutlosigkeit und Depression, verstärkter bis hybrider Ichaufbau und Härte oder geistige Empörung und hadernder Protest eine Folge. Der ichbezogene und anthropozentrische Mensch[28] mag sich nicht leicht mit der «Vielfältigkeit» der Lebenserscheinungen abfinden. Bislang ist er immer wieder zu Felde gezogen gegen Andersdenkende, Andersaussehende, Anderslebende und hat nicht nur unter den eigenen Artgenossen immer wieder ausgerottet, was einer erstrebten Uniformität zuwiderlief, sondern auch die Natur in ebenso faschistoider Weise zweigeteilt in Gut und Böse,[29] die Tiere in Nutztiere und Schädlinge, die Pflanzen in Kräuter und Unkräuter, das Wetter in gutes und schlechtes Wetter und letztlich das Göttliche LEBEN in Leben und

Tod und die allesumfassende und allesdurchdringende Wirklichkeit in Gott und Teufel.[30]

So entsteht für den ichbezogenen Menschen der Aspekt der «Widersprüchlichkeit», mit welcher er sich noch weniger abzufinden vermag. Vielfältigkeit gewinnt die negative Qualität «Widersprüchlichkeit» dort, wo von einem Standpunkt aus (wo man auf einem Punkt stehenbleibt und so nur einen äußerst beschränkten Blickwinkel hat) betrachtet und beurteilt wird. Von diesem Punkt aus erscheinen alle Dinge natürlicherweise widersprüchlich, weil sie, bildhaft ausgedrückt, von mir aus gesehen zum Teil oben und zum Teil unten, links und rechts, vorne und hinten liegen, nutzbringend und bedrohend, angenehm und unangenehm erscheinen, obwohl sie in all ihrer scheinbaren Gegensätzlichkeit und sich gegenseitig scheinbar ausschließenden Art und Weise realiter doch sehr gut und dynamisch sich gegenseitig hervorbringend und stärkend, wie Licht und Schatten sich sinnvoll ergänzend sind.

Am allerschwersten tut sich der ichbezogene Mensch mit der «Vergänglichkeit» bzw. Wandelbarkeit. Aus dem augenblicklichen engen und unerhellten Blickwinkel scheint diese Unbeständigkeit aller Phänomene und damit auch die Unbeständigkeit des augenblicklichen Standpunktes – letztendlich die eigene, das ganze Ich betreffende Vergänglichkeit – eine äußerst negative und bedrohliche Angelegenheit, gegen die man sich so lange sträubt und wehrt, bis sie einen unwiderruflich und dramatisch vor vollendete Tatsachen stellt. Menschen, die die Augen gegenüber diesem dritten Wesenszug aller Natur und Wirklichkeit verschließen, werden immer wieder von ihr eingeholt und erleben dann großes «Unglück», verheerende «Zusammenbrüche», «Schicksalsschläge» oder kränkende und oft somit auch krankmachende «Enttäuschungen». In Wirklichkeit ist die «Vergänglichkeit» aller Erscheinungen die wesentliche und eigentlich wohltuende Grundlage dafür, daß es Wachstum, Entwicklung und Reifung gibt und das Leben nicht auf irgendeinem unvollkommenen Niveau stehenbleibt. Panta rei, erkannte Heraklit bereits 600 Jahre v. Chr., «alles fließt», alles Leben muß in Bewegung und in Veränderung sein; alles ist schöpferischer Prozeß. «Vergänglichkeit» hat also nicht nur den schmerzhaften Aspekt des Vergehens, sondern zugleich auch den lebens- und freudevollen des Werdens. «Werden und Vergehen» sagt man. Es gilt ebenso: «Vergehen und Werden»! Es ist kosmisches ewiges Gesetz.

«Vergänglichkeit» richtig gesehen ist eher «Wandelbarkeit» zu nennen. Das Leben, die Natur und ihre Menschen in ihrer Vielfältigkeit, Widersprüchlichkeit und Vergänglichkeit bzw. Wandelbarkeit sind also für jeden von uns immer wieder eine Herausforderung oder Provokation.[31] Es wird irgendeine Qualität, Kraft oder Fähigkeit aus uns heraus gefordert, die wir bislang noch nicht oder nicht genügend hervor- und zur Entfaltung gebracht haben. Die verschiedenen oft widrigen Umstände und Lebenssituationen sind es gerade, die uns wachsen lassen, reifen auf dem Weg zur Vollendung.

Die zentrale Frage an dieser Stelle ist, ob wir «auf der Suche, auf dem Weg nach Erkenntnis, Glück und Erfüllung» tatsächlich bereit sind, uns der oft rauhen und widrigen, gar nicht immer nur nach «süßem Gras» riechenden Alltagsrealität zu stellen und uns herausfordern lassen, Kräfte, Qualitäten und Fähigkeiten zu entwickeln und anzuwenden, die realistisch geeignet sind, die Umstände zu meistern, das Notwendige zu bewerkstelligen, das Sinnvolle zu tun und dann, wenn möglich, zu allem auch noch das Schöne zu verwirklichen. – Dies wäre möglich, wenn der Ochse mit dem Seil festgehalten und mit der Peitsche weise gelenkt würde.

Statt dessen «verdrückt» er sich bei vielen Menschen, stiehlt sich aus der unangenehmen und ungelösten Situation einfach hinweg und «steht in unwegsamer Schlucht». Dies ist die eine Richtung der Flucht, ganz hinten in die Felsspalten unterhalb des allgemeinen Lebensbereichs, in die Niederungen, ins unauffindbar Unbewußte, in die äußerste Labilität oder ins nicht mehr greifbar Irrationale, Dumpfe. Das mag Alkoholismus sein, das zusammenhanglose Sprachgelalle bestimmter Straßenszenen oder die Art, alle ernsthaften und konkreten Angelegenheiten ins Lächerliche und Banale ziehend, zu zerblöden, die subtilere Art, die Therapeuten in immer unwegsamere Bahnen vermeintlich innerer Traumen zu locken, ins Labyrinth der unauffindbaren Problemursachen, oder die billigste, bequemste und vordergründigste Art, bei allem zu sagen: «Ich bin halt, wie ich bin» oder «Das kann ich nicht». Es gibt viele Spielarten, sich nach unten «in unwegsame Schluchten» aus dem Licht zu machen (in Abwandlung des volkstümlichen Ausdruckes «sich aus dem Staub machen»).

Die andere typische Richtung der Flucht geht nach oben, «hoch über den Wolkendunst». Meister Kakuan war wirklich ein meisterlicher Psychologe, sehr genau in der Wahrnehmung und glasklar in seiner Durchschauung! Der gleiche Ochse, der sich soeben noch nach unten davongemacht hat, schafft es im nächsten Augenblick, sich ganz nach oben jenseits aller Faßbarkeit und Realität zu verflüchtigen. Das mag bei manchen die extreme Form von Größenwahnsinn annehmen, hypertrophe Ichvorstellungen, bei anderen ist es mehr Ideenflucht, idealisiert überzogene, illusionäre Träume und Erwartungen in bezug auf Idealpartner, Idealberuf, spirituelle Ziele, bei wieder anderen ist es die Form, die, wie z.B. die «esoterische» New-Age-Bewegung, großenteils viel realitätsentfremdeten «Wolkendunst» produziert hat. Auf diese viel zu knapp angedeutete Weise gelingt es immer wieder, einer unangenehmen Herausforderung und aktiven Stellungnahme auszuweichen. Auch im Yogatraining zeigt sich oft, wie die gleichen Menschen die momentanen Übungen als lächerlich einfach und banal deklarieren, um zu begründen, warum sie es augenblicklich gar nicht nötig hätten, sich recht anzustrengen, und im nächsten Augenblick schon stöhnend und ächzend mittendrin absacken und aufhören, mit der Begründung, das alles sei viel zu schwer und nach einem Acht-Stunden-Tag eine ungeheure Überforderung. Die Realität, die herausfordernde Realität jedoch liegt genau dazwischen!

Allen gemeinsam ist, daß sie dem Boden, dem Feld praktischer Verwirklichung realitätsbezogener Taten und Anstrengungen entgehen wollen und dem Seil und der Peitsche des Hirten ausweichen.

An dieser Stelle wird es von Bedeutung sein, eine angemessene Vorstellung zu haben, was mit «Seil und Peitsche» symbolisch gemeint ist. Sie sind das entscheidende Werkzeug beim Einfangen eines wilden Ochsen und beim Zähmen, wie im nächsten Kapitel dargelegt wird. Damit die ungebändigten Kräfte der Natur in sinnvoller Weise schöpferisch genutzt werden können, müssen sie zunächst eingefangen und gebändigt werden. Wie dies außen in der Natur der Fall ist, wenn man sich die Urgewalt von Wasser, Feuer oder die Atomkraft zunutze machen möchte, so ist es ebenfalls mit der im Menschen selbst gegenwärtigen ungeheuren Energie. Solange diese Kräfte, wie in einem jungen Menschen, noch nicht mit höherer Bewußtheit, Vernunft oder gar Weisheit in Verbindung gebracht worden sind, solange verhält sich diese Energie wie im Kommentar ausgedrückt: «*Sein Sinn ist noch bockig und ungezügelt.*» Die Triebkraft der Natur reißt, wie auf dem entsprechenden Bild, den Hirten hinter sich her, der sich mit äußerster Kraft bemüht, das Seil fest in den Händen zu behalten.

Das Seil ist das Bildsymbol für *Disziplin*.

Am Anfang eines jeden Lern-, Trainings- und Entwicklungsprozesses ist es immer schwierig und mühsam. Die unangenehmen Anstrengungen überwiegen, die Tendenz des Zurückfallens und Aufgebens muß immer wieder überwunden werden, die Erfolge sind noch spärlich, und die Unlust wuchert. Das ist der erneute kritische Punkt, von dem weiter oben bereits die Rede war, eine Phase und Hürde, die äußerste Willenskonzentration verlangt, um überwunden zu werden.

Schaue also am besten Dich selbst an und vergleiche Deine Situation mit der auf dem vierten Bild!
Geht auch Dir «der Gaul immer wieder durch»?
Läßt Du die immer wieder vorhandene starke Energie und Willenskraft sich doch wieder verflüchtigen?
Oder gelingt es Dir, eine einmal getroffene Absicht und Zielsetzung auch beizubehalten?
«Bleibst Du am Ball»?
Bleibst Du auf der aktiven «Suche nach Erkenntnis, Glück und Erfüllung», oder war das nur mal so eine vage große Idee, ein Gedankenspiel, eine unverbindliche Aktion?

Wo etwas unverbindlich ist, da fehlt das Seil, das binden könnte! Viele Menschen leben heute in unverbindlichen Partnerschaften, arbeiten in unverbindlichen Jobs, wohnen in unverbindlichen Gemeinschaften, schnuppern unverbindlich an YOGA, Meditation und vielerlei spirituellen Bereichen, sind überall und nirgends: keine Entwicklung, kein Wachsen, kein Reifen, keine Entfaltung, keine Erfüllung! Sie suchen nur «nach süßerem Gras»: Es fehlt ihnen das Seil.

*

Die *Peitsche* darf nicht falsch verstanden werden. Es liegt nahe, damit Unterdrückung, Bestrafung, Gewalt und Erniedrigung zu assoziieren. Keinesfalls!
Die Peitsche ist Symbol für *Höheres Bewußtsein*.
Das Höhere Bewußtsein ist nicht der alltägliche Verstand, ist nicht der intellektualisierende und rationalisierende Kopf, der viel eher dazu neigt, in solch negativer und entwürdigender Weise mit der «Wahren Natur» umzugehen und dies tatsächlich oft auch tut. Wie häufig knechtet, knebelt, schlägt der Verstand die äußere wie die eigene innere Natur wund oder gar tot! Verstand und Intellekt sind geschulte pragmatische Fähigkeiten, in bezug auf bloße Sachverhalte angebracht und wertvoll, in bezug auf Natur, Mensch und Leben eher von luziferischer Qualität.[32]
Dies darf nicht mißverstanden werden! Verstand und Intellekt haben, wie alle von der Natur hervorgebrachten Qualitäten und Fähigkeiten, ihre große Bedeutung. Aber alles an seinem Platz und alles zu seinem natürlichen Zweck! Der Verstand ist nicht der Omnipotent, für den er häufig gehalten wird. Er ist wertvoll, wo er gebraucht wird, z. B. wo Unterscheidung, logischer Zusammenhang und Effizienz gefordert sind, die Anwendung geeigneter Mittel oder organisatorische Qualität. Manche Lebewesen haben wirklich zu wenig davon entwickelt, obwohl es in bestimmten Situationen notwendig und heilsam wäre, ihn geschickt anwenden zu können. Dieser Verstand ist jedoch vollkommen überfordert, wo es um übergreifende Sinnzusammenhänge des Lebens, um existentielle Grundfragen oder auch nur um tiefen-

psychologische Bereiche geht. Er selbst ist nur Teilfunktion eines größeren Zusammenspiels vieler anderer Faktoren und Energiequalitäten. Wo er ganz ausfällt, ist großer Mangel. Wenn er in der Persönlichkeitsentwicklung anmaßend omnipotent im Zentrum verbleibt, wie es im Abendland besonders stark üblich ist, ist es so, als wenn ein guter Fußballtrainer Kultusminister würde oder ein ordentlicher Briefträger Fernsehintendant. Der Verstand umgibt sich mit reiner Sachlichkeit. Sachlichkeit ist ein Aushängeschild, gewissermaßen seine Uniform, mit der er sich legitimiert. Menschen tragen Uniformen, um sich in ihrer Machtausübung zu legitimieren. Sie erscheinen auf diese Weise völlig neutral, objektiv, sachlich und geben vor, völlig unsubjektiv zu sein. Mit Uniform scheinen sie völlig sauber, korrekt, ordentlich, gradlinig, ohne Fehl und Tadel, einwandfrei wie ihre Bügelfalte zu sein, ohne jede persönliche Einmischung und Korruption. Mit Uniform scheinen die Menschen also völlig sachlich zu sein. Tatsächlich, der Mensch wird unter die Sache gestellt. Das ist der Verstand, hygienisch einwandfrei, keimfrei wie ein Skalpell. Letztendlich führt absolute Sachlichkeit auch zur Skrupellosigkeit. Die Uniform ist wie eine Maske, hinter welcher sich der Mensch, das Subjekt, die persönliche Gesinnung versteckt hält, verschanzt und verleugnet. Es sind das Subjekt und die Subjektivität immer vorhanden; sie verleugnen sich nur oder werden verleugnet durch die Uniform, die vorgegebene Objektivität und Sachlichkeit. Dies ist so, ganz gleich, ob es sich um militärische, paramilitärische, allgemeingesellschaftliche, vereinseigene oder kirchliche Uniformen handelt. Es ist überall die gleiche täuschende Maskerade. Nicht anders die Tarnung des Verstandes mit seiner «absoluten Sachlichkeit», hinter der sich meist völlig andere, verdrängte Kräfte, Tendenzen und Absichten verbergen! Vorsicht vor Menschen, die immer Sachlichkeit betonen und «nur sachlich» argumentieren! – Der Verstand kann wirklich sehr luziferisch sein[32] in seiner gleißenden Helligkeit, in der das Dunkle und Abgründige nur ausgeblendet oder überblendet werden.
Im Buddhismus assoziiert man mit «Peitsche» also nicht den Verstand, sondern das «Höhere Bewußtsein». Gemeint ist die Weisheitsenergie der reinen, klaren Bewußtheit. Diese reine, klare Bewußtheit

wird vor allem durch Meditation geschult und zur Entfaltung gebracht. Es gibt ein natürliches Potential davon in jedem Menschen. Manchmal in einer unvorhergesehenen, plötzlich schwierigen Situation reagiert der Mensch häufig instinktiv und spontan äußerst intelligent und situationsgerecht. «Der Verstand setzte aus», wie man sagt, aber die verborgene Höhere Bewußtheit oder «unbewußte Intelligenz» und Weisheit ist hellwach geworden und hat rettend und heilsam reagiert. Wenn Du Dich etwas genauer beobachtest, wirst Du feststellen, daß es so auch an Dir und aus Dir hervor häufig geschieht. Durch Meditation wird lediglich die an sich bereits innewohnende, allgegenwärtige, bislang noch unbewußte Intelligenz und Weisheit hervorentwickelt und im Bewußtsein verankert und so im Laufe der Zeit zur obersten, königlichen Instanz zentriert. «Die Peitsche», das Höhere Bewußtsein, ist es, das in Verbindung gebracht wird mit der Kraft des Ochsen. Letztlich ist auch die Energie des Höheren Bewußtseins die Energie des Ochsen, allerdings entfaltet und transformiert auf eine höhere Ebene von Lichtheit und Weisheit. «Erst wenn Hoch und Niedrig zusammenwachsen», so heißt es in einem buddhistischen Traktat, «kann die Vollendung erlangt werden.» Das ist die Bedeutung der Peitsche: «Die unerschöpfliche Willenskraft und Macht» der Natur wird mit dem Höheren Bewußtsein in enge Verbindung gebracht und bei gegenseitiger Förderung so die Vollendung bewirkt. In ZEN-Klöstern werden die Übenden dann und wann kräftig mit einem Stab geschlagen: Die wache Bewußtheit des Lehrers oder Meisters wird in kraftvolle Verbindung gebracht mit dem noch unerwachten, kurz vor dem Einschlafen sich befindenden, kraftlosen Geist des Schülers.

Man sagt, an der Schwelle zum Einschlafen sind zwei Türen: die eine führt ins Unbewußte, in den Schlaf, die andere in samadhi, einen Erleuchtungszustand. Durch den kräftigen Schlag des Meisters wird nicht nur körperliche Energie wachgerüttelt. Die Höhere Bewußtheit des Meisters kommt in direkte Verbindung mit dem in der Übung nachlassenden Schüler, und es wurde öfters berichtet, daß auf solche Weise manch einer im wahrsten Sinne des Wortes «schlagartig» zur Erleuchtung gekommen sei.

In unserem Zusammenhang muß es uns klar sein, daß ohne diese Peitsche der anfängliche Kampf mit dem Ochsen aussichtslos ist. Der Verstand, der vordergründig und rein pragmatisch argumentierende Intellekt, schießt sowieso ständig quer und möchte diese neue Verbindung von Oben und Unten verhindern, da er dadurch unweigerlich seine Monopolstellung im Leben verliert. Er ist der eigentliche Verhinderer, durch welchen der anlaufende Prozeß immer wieder blockiert wird. Er ist es, der hundert und tausend neue Argumente vorführt, warum es gefährlich und schädlich sei für den Geist und die höheren Bereiche, sich auf diesen Ochsen, diese unergründliche Macht der Natur einzulassen, und warum es für den Ochsen andererseits viel besser sei, in unverdorbener Wildheit, im Dickicht des Waldes zu bleiben, fernab der menschlichen Zivilisation.
Ich will ein einfaches Beispiel geben:

*

Du sitzt draußen in der Natur, hast endlich allen Alltag, das ständige Denken, Planen, Organisieren und Bewerkstelligen hinter Dir gelassen und entspannst Dich mit wacher offener Bewußtheit. Zum erstenmal vielleicht riechst Du den würzigen Duft des feuchten Waldbodens, spürst den lauen Wind angenehm im Gesicht, und echte Freude, ein Gefühl von wohltuender Schönheit steigt in Deinem Herzen auf beim Anblick der Blumen vor Dir auf der Wiese und dem offenen klaren Himmelsraum über Dir, wo weiße Wolken ziehen. – Wann je hast Du so einfach dagesessen und zugleich solch wohltuende Freude im Herzen gespürt? Ganz einfach so, ganz einfach so…? Das war nur ein paar Sekunden – ein wundervolles Gefühl! – ein erster Anflug…, und zack, da ist er, der Große, der Mächtige, der alles Beherrschende, der alles Im-Griff-Habende, die große Krake, die sich über alles legt und erdrückt: der Verstand. Es sagt Dir, daß Du schnell aufstehen mußt: die Erde ist feucht, Du wirst Dich erkälten, die Hose wird schmutzig sein. Gut, Du stehst auf; warum nicht, wenn es vernünftig ist! Immerhin schaust Du Dir noch die Blumen vor Dir oder dort am Waldrand genauer an, aber anstatt ihnen unmittelbar zu begegnen und ihre Schönheit und hundertfältige Einmaligkeit mit den Augen zu trinken, beginnst Du zu überlegen, wie sie heißen und zu welcher Familie sie gehören. Du überlegst und überlegst, denn Du hattest es schon einmal gewußt, und Du beginnst Dich über Deine Vergeßlichkeit zu ärgern. Endlich beschließt Du, Dir demnächst ein Pflanzenbestimmungsbuch zu kaufen. Ohne daß Du es merkst, lockt Dich der Verstand Schritt für Schritt weiter aus der unmittelbaren Beziehung und erlebten Nähe mit der Natur heraus. «Ja», so flüstert Dir der Verstand zu, «es ist heute so schön gewesen, gehe öfters mal spazieren! Spazierengehen entspannt, und dazu noch etwas Jogging ist gut für den Kreislauf. Überhaupt, die Natur ist etwas Gutes; dumm, daß wir die Natur überall kaputtmachen. Da stand doch in der Zeitschrift «Grünes Bioland», daß die Industrie, ja sogar die Bauern ohne den Protest des Umweltministeriums… usw. …usw. …»

*

So geht das Räderwerk im Kopf, und Ärger – begründeter Ärger – erfüllt wie die ganzen Tage zuvor Dein Gemüt. Anstatt die Natur hier und jetzt unmittelbar in Herz und Geist ein- und dem Gefühl Raum zu lassen, bist Du in vernünftigen Gedanken, nicht mehr unmittelbar ganz da, wie man im YOGA sagt, nur noch theoretisierend, konstruierend und wichtige Pläne schmiedend, wie die Natur zu retten sei.
Die Natur wäre tatsächlich zu retten, wenn sie im Herzen der Menschen, zuallererst einmal in Deinem eigenen Herzen, eine Chance gewänne, gefühlt und tief erlebt zu werden, und nicht nur nüchtern politischer Spielball in den Köpfen bliebe, also nach wie vor nur als Objekt, als dingliche Angelegenheit verwaltet und manipuliert, je nach Vernunft mehr oder weniger zugelassen, geschützt oder ausgebeutet. Letztendlich könntest Du, wenn Du das ständig rotierende Räderwerk des rationalisierenden, alles kommentierenden und begründenden Verstandes hinter Dir ließest, Dich selbst erst einmal wirklich völlig entspannen und das Gehirn beruhigen würdest, auf andere Gefühle und Qualitäten kommen und an ihnen Geschmack finden, die

das alte, erstarrte, übersichtlich-geordnete, aber enge und einsperrende, verdinglichte und naturentfremdete Lebenssystem in Frage stellen, in welchem der Verstand bis jetzt seine unangefochtene Herrschaft besessen hatte.

*

Der Kampf mit dem noch unbändigen, an Seil und Peitsche nicht gewöhnten Ochsen ist heftig genug – immer wieder! Manchmal, wenn man gar nicht damit rechnet, versucht er urplötzlich auszubüchsen, sich der Disziplin und dem Höheren Bewußtsein zu entwinden – eigenläufig, auf und davon! Um so weniger darfst Du in dieser Phase auf die Stimme des Verstandes hören, der Dir immer wieder und mit ständig neuen, anderen Argumenten einreden möchte, diesen doch unsinnigen und, wenn auch nicht gefährlichen, so aber doch nie wirklich zielerreichenden Weg aufzugeben. Ohne es richtig zuzugeben, hält er die enge Kontaktnahme mit dem Ochsen und den Versuch, ihn zu lenken und leiten, tatsächlich für gefährlich. Der Verstand hat große Angst vor der Kraft von unten, vor der Kraft aus dem «Bauch», wie die Yogis sagen, und aus dem «Herzen» (Körper, Emotionalität und bewußte Regungen und Antriebe), und ebenso vor der Kraft von oben, womit das Höhere Bewußtsein gemeint ist. Darum ist ihm alles daran gelegen, jede Gelegenheit zu torpedieren, durch welche der Prozeß der Integration gefördert werden könnte. Der tiefste Grund für dieses verhindernde und destruktive Verhalten ist also blanke Angst! «Angst war schon immer der schlechteste Ratgeber», sagt ein altes Sprichwort.

*

Überprüfe, wenn Du bis hierher aufmerksam gefolgt bist, ob Dir der Verstand nicht ebenfalls einflüstert: «Was soll das: Auf der Suche nach Erkenntnis, Glück und Erfüllung? Das gibt es doch gar nicht; zumindest wirst Du es nie schaffen! Du bist doch kein erleuchteter Yogi!

‹Erkenntnis›, gut, vielleicht etwas mehr Wissen und Verstehen, aber ‹Erleuchtung›, nie!
‹Glück›? Das gibt es auf dieser Erde nie. Glückseligkeit gibt es nur für Heilige im Himmel, und Du bist nur ein einfacher Mensch, wirst und willst ja auch gar kein Heiliger sein.
‹Erfüllung›? Das ist pathetisches Gerede. In dieser Welt mit so viel Elend und Ungerechtigkeit, wo soll da jemals Erfüllung sein?»

*

Auf diese und ähnliche Weise will Dich der kleine spießbürgerliche Verstand davon abhalten, daß der großartige Lebens- und Entwicklungsprozeß wirklich in Bewegung kommt, buchstäblich Aufschwung erhält. Deine große Perspektive und impulsgebende Idee sollen zerbrochen werden und Dein Denken auf das spießbürgerliche kleine und kleinliche Niveau des Status quo der Masse reduziert werden.

Also prüfe genau, was in Dir geschieht, und lasse den Ochsen nicht mehr entwischen, wenn Du ihn wahrgenommen und gar gefangen hast!

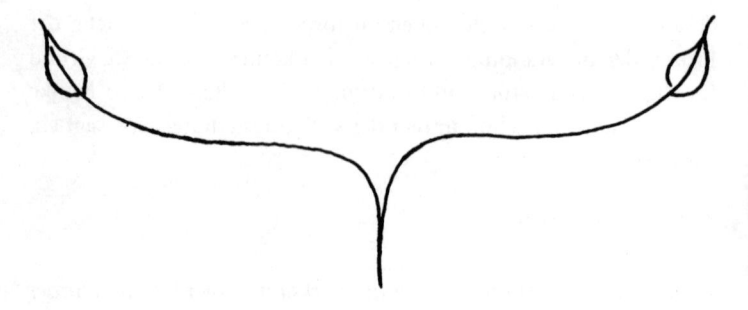

Der Ochse wird gezähmt

Kommentar

Wo ein Gedanke aufkommt, folgt ein zweiter nach.
Kommt der erste Gedanke aus Erleuchtung, so sind alle
folgenden wahr.
Durch Verblendung macht man alles unwahr.
Verblendung ist nicht in Objektivität begründet.
Sie folgt aus Subjektivität.
Laß den Nasenring nicht los, laß nicht einmal einen Zweifel zu.

Peitsche und Strick sind notwendig,
sonst könnte er sich irgendwo
auf staubiger Straße davonmachen.
Gut geschult, wird er von Natur aus sanft.
Auch ohne Zügel hört er dann auf seinen Meister.

*«Peitsche und Strick sind notwendig,
sonst könnte er sich irgendwo auf staubiger Straße davonmachen.»*

Hier wird es nochmals deutlich gesagt, präzise und unmißverständlich. Kein Wort in diesen Texten ist unüberlegt. So zeigt «notwendig», daß sich eine bestimmte Not wenden soll, eine mißliche, ungute, unheilvolle Situation auflösen und ins Positive kehren soll. Der Zwiespalt und die Getrenntheit von dem Ochsen und dem Hirten, die scheinbare Unvereinbarkeit von Höherem Bewußtsein und unbewußten Natur- und Lebenskräften sollen aufgehoben werden und dadurch eine ganz neue Qualitätsstufe von Leben ermöglicht werden, letztendlich die vollendete Verwirklichung der universalen, göttlichen Schöpfungsabsicht. Von dieser letztendlichen Warte aus beobachtet, ist diese augenblickliche, noch ziemlich rudimentäre, unentfaltete, unreife, in vielfältige Dualismen zerspaltene, zersplitterte, ungeeinte und bewußtheitsschwache, also wenig erleuchtete Entwicklungsphase mit all ihren Schwierigkeiten, Widersprüchen und Problemen tatsächlich eine Notlage, die eine Veränderung «notwendig» sein läßt. Das Mittel und Werkzeug hierfür ist Disziplin und Höhere Bewußtheit, wie sie durch geistige YOGA-Praxis und Meditation entfaltet werden.[33]
Es genügt keineswegs, den Ochsen einzufangen, die Kräfte der inneren Natur also ins Bewußtsein zu nehmen, die inneren Antriebe zuzulassen, wie die Psychologen raten. Die wilde, ungebärdige, zügellose, oft richtungslose und alle Hecken und Zäune unbeherrscht niedertrampelnde, alle Grenzen mißachtende, naive Kraft muß gezähmt und dem höheren Zusammenhang und SINN eingefügt werden.[34]

Dieser Prozeß findet in der kosmischen Schöfungsgeschichte immer wieder statt: Die physikalischen Kräfte werden durch Anordnung der Atome, Moleküle und Zellen auf eine höhere Energieebene gelenkt, auf die Ebene biochemischer Energieprozesse. Biochemische Energieabläufe werden zu psycho-physischen Prozessen; diese werden zu emotionalen und darüber hinaus zu geistigen Kräften, Bewußtheit. Mitten daraus entwachsen die vielfältigen Qualitäten wie Sehnsucht, Freude, Liebe, Güte, Schönheit, Schmerz, Mitgefühl und aktives Fürsorgen, mütterlich-väterliche Besorgtheit und Verantwortung, Freiheit und das Streben nach Glückseligkeit und Erfüllung. Mitten aus diesem Prozeß der Ausreifung solcher und ähnlicher Qualitäten entwächst letztlich tatsächlich vollkommene Einsicht oder «*Erkenntnis*» der großen Zusammenhänge der Wirklichkeit jenseits aller beschränkten Vordergründigkeit, «*Glückseligkeit*», die vollkommene und durch nichts mehr beeinträchtigte Seligkeit, Schönheit und Liebe, und «*Erfüllung*», über die hinaus es nichts mehr zu erkämpfen, zu erstreben, zu erreichen gibt.

Von dieser letztendlichen Dimension aus sollte der Blick sehr klar auf die unmittelbar reale Lebenssituation gerichtet sein, um wirklichkeitsgetreu und sehr konkret die augenblicklichen Verhältnisse wahrnehmen zu können. Du erkennst selbst, wie eigenläufig und unkontrolliert, unbeherrscht und wild Energie aufbricht, entweder in und mit Deinem Körper, in und mit Deinen Emotionen, in und mit Deinem Geist.

Der Buddha nennt grundlegend zwei Gruppen unheilsamer wilder Energie, die uns auf dem Weg zu wirklich königlicher Freiheit und Souveranität eine große Fessel sind, solange sie nicht beherrscht werden: Gier und Haß/Ärger/Wut. Nicht die dahintersteckende ungeheure Energie, also der Ochse als solcher, ist unheilsam, sondern nur die völlige Unbeherrschtheit und Willkürlichkeit. Darum Seil und Peitsche! Hier beginnt, was man ganz einfach Erziehung nennt, Erziehung, Schulung, Training. Hier ist Dein pädagogisches, psychologisch-didaktisches Geschick im Umgang mit Dir selbst gefragt! Du mußt Deine spontanen Neigungen erkennen, ob Du eher versucht bist, zu weich, zu empfindlich und nachlässig, zu ungenau und inkonsequent zu sein, also im ganzen zu schlaff und zimperlich, so daß Du bei solch einem Ochsen erzieherisch gar nichts ausrichtest und statt dessen er Dich am Seil hin- und herreißt, oder ob du zu ungeduldig, zu hart und unnachgiebig, zu herrisch und gewaltsam, zu überfordernd und zu wenig sanft und gütig bist, so daß der Ochse entweder völlig kuscht und seine Kraft unterdrückt wird, oder diese völlig bockig und renitent wird und sich gewaltsam irgendwann Deiner zügelnden Beherrschung entzieht. Du tust gut daran, Dich diesbezüglich sehr genau zu erkennen, denn sonst gelingt Dir die Zähmung des eigenen Ochsen nicht.

In diesem Zusammenhang kann es mit Sicherheit sehr hilfreich und förderlich sein, sich einem guten Lehrer anzuvertrauen, um in der Arbeit und steten Auseinandersetzung mit ihm sich selbst besser reflektieren zu können. Der gute Lehrer ist wie ein Spiegel, durch den man sich selbst deutlich erkennt. Überhaupt jedes Gegenüber, wenn man achtsam und aufrichtig ist, kann zum Spiegel für einen selbst werden. Am Anfang ist gewiß ein persönlicher Lehrer wichtig, den man als solchen auch wirklich annimmt und erträgt, was in dem Augenblick gar nicht leicht ist, wenn man mit sich selbst überdeutlich konfrontiert wird. Aber später, wenn man sehr viel Erfahrungen im Umgang mit sich selbst gewonnen hat, erübrigt sich eine persönliche Lehrer-Schüler-Beziehung, und man wird auf Dauer grundlegend Schüler des Lebens und der allwirkenden göttlichen Weisheit. Jeder muß zunächst – und es ist jedem auch möglich! – den pädagogischen Umgang mit sich selbst lernen! Es ist der geschickte und weise Umgang mit dem eigenen Körper und seinen Bedürfnissen und Anliegen, der geschickte und weise Umgang mit den hellen und dunklen Kräften und Empfindungen und Gefühlen und der geschickte, weise Umgang mit den hohen und niederen, positiven und negativen, heilsamen und unheilsamen Gedanken, geistigen Vorstellungen und Bildern.

Darüber hinaus wird es in zunehmendem Maße dann auch der geschickte und weise Umgang mit den hellen und dunklen, heilsamen und unheilsamen Kräften des äußeren Umfeldes Deiner Lebenslandschaft sein. Im ZEN sagt man: außen wie innen! Wenn Du also in Deiner äußeren Lebenssituation und -landschaft etwas zu bemängeln hast, schau zunächst sehr genau in Deine innere Lebenslandschaft und überprüfe Dein pädagogisches Geschick im Umgang mit den inneren Kräften!

«Gut geschult, wird er von Natur aus sanft.
Auch ohne Zügel hört er dann auf seinen Meister.»

*

牧牛 五

Gönne Dir, bevor Du weiterliest, eine ganze Weile, dieses wunderschöne, wirklich herzbewegende Bild zu betrachten! –
Atme von dort her ein und genieße diese Situation! –

Bewegt es nicht wirklich das Herz, wenn Du hier plötzlich die wahre, ureigentliche innere Natur des Ochsen erkennst?
«Gut geschult, wird er von Natur aus sanft» meint, daß er es von Natur aus «*ist*». Er «*wird*» es nur insofern, als durch seine Schulung das innere, eigentliche Wesen erst hervorentwickelt und offenbar wird. So werden die in Kindern angelegten Grundfähigkeiten erst durch Erziehung und Bildung wirklich hervorgebracht. Viel wertvolles Potential verkommt, verwahrlost einfach dort, wo Erziehung und Persönlichkeitsformung ausbleiben.[35]
Ganz allgemein jedoch wird mit diesem Bild auch gezeigt: Die innerste Natur aller Lebewesen und Kräfte ist nicht negativ, böswillig oder destruktiv! Das innerste Wesen aller Lebewesen und Kräfte ist gut und sanft!
Laß Dich nicht täuschen, wenn Menschen wilde, grimmige Gesichter und Gebärden machen, wenn Tiere die Zähne zeigen oder im eigenen Herzen und Kopf manchmal arge Aufgebrachtheit, Zorn und Grimmigkeit, finstere Kräfte toben!
Der geschickte, weise pädagogische Umgang mit Dir und anderen gelingt nur, wenn Du bei aller Vordergründigkeit, die klar zu erkennen und auf die angemessen zu reagieren ist, doch auch deutlich siehst, spürst und anerkennst, welcher Art die innerste wahre Natur ist: gut und sanft. Nur dann gibt es Sinn, geduldig und beharrlich den Erziehungsprozeß fortzusetzen, bis die wahre Natur herausgeschält und freigelegt worden ist. Dann «*hört er auch ohne Zügel auf seinen Meister*». Die anfängliche Disziplinierung ist unnötig geworden. Sie hat sich von selbst aufgehoben. Die Urkräfte der Natur laufen in einer völlig veränderten, neuen Bahn, und sie tun es bereitwillig und gerne. Ochse und Hirte haben ein Zusammengehörigkeitsgefühl entwickelt. Zwar gibt es noch einen Hirten und einen Ochsen, ein Oben und Unten, Geist und Naturkraft, aber beide sind versöhnt, vertraut im Umgang miteinander. Es besteht kein Widerspruch mehr, und alles Kämpfen, Zerren und Reißen hat ein Ende.

*

Es gibt Yogaschüler, die nach 20 Jahren immer noch davon sprechen, daß sie «YOGA üben». Zu lange! Sie haben nichts Entscheidendes erreicht. Irgend etwas scheint schiefgelaufen zu sein. Nach 20 Jahren müßte «YOGA» so selbstverständlich, so integriert, so verwirklicht und dadurch lebendig sein, geradezu alltäglich geworden, daß man gar nicht mehr von «YOGA», sondern von ganz normalem «Leben» spricht. Irgendwann muß man so weit kommen, daß Seil und Zügelung überflüssig sind. Wenn man mit YOGA oder ähnlichem beginnt, sollte man zumindest dieses ehrgeizige Ziel haben, sonst kann man ihn gleich bleiben lassen, weil er sonst zur ewigen Mühsal und fruchtlosen Gewissenslast wird. Andererseits, wenn man sein Pensum schlecht und zu langsam bewältigt, muß man einige Klassen wiederholen, und die Übungsphase verlängert sich. So ist dies auch im Leben!

«Wo ein Gedanken aufkommt, folgt ein zweiter nach.
Kommt der erste Gedanke aus Erleuchtung, so sind alle folgenden wahr.
Durch Verblendung macht man alles unwahr.
Verblendung ist nicht in Objektivität begründet.
Sie folgt aus Subjektivität.»

Im vorhergehenden Bildkapitel war bereits von Objektivität und Subjektivität die Rede, von Objektivität allerdings nur im Sinne einer in manchen Lebenssituationen vorgetäuschten Scheinhaftigkeit. Hier in diesem Kommentar ist die absolute, untrügliche Wirklichkeit, ohne jegliche Täuschung und Vortäuschung, Vernebelung oder Verblendung gemeint. Die schwere, kaum zu verwirklichende, weil immer wieder durch neue Illusionen getrübte Absicht im ZEN ist: «Wahrnehmen, was ist». Diese äußerst bescheidene, knappe und in dieser nüchtern-einfachen Art zutreffende Formulierung «was ist» weist auf Objektivität hin. Diese von jeglichen Trugschlüssen und subjektiven Verfärbungen gereinigte Wahrnehmung ist *Erleuchtung*.
Da ist kein Versteckspiel mehr möglich; da gibt es keine dunklen, unausgeleuchteten und unauffindbaren Winkel mehr, in die hinein Psy-

che und Geist flüchten können, wie Diktatoren in geheime Befehlsbunker, von denen aus sie unsichtbar weiterhin ihre Politik betreiben und dirigieren, was oben im Tageslicht zu geschehen oder zu unterbleiben hat. Da sind alle «dunklen Kräfte» erhellt worden, verwandelt in reine schöpferische Energie.
Wenn Objektivität, Reinheit, Klarheit, Wahrhaftigkeit des Geistes grundsätzlich geschaffen worden sind, ist alles, was daraus hervorgeht, jeder Gedanke, jede Entscheidung und Handlung, jeder Atemzug voller Erleuchtung, ist Ausdrucksweise der allwirkenden göttlichen Weisheit der «Wahren Natur» allen Seins. – Solange der Geist aber noch umwölkt ist, subjektiv und egozentriert, also nicht auf das Ganze bezogen, sondern irgendwie immer noch auf sich selbst als isoliertes, dualistisch abgespaltenes ICH ausgerichtet, die Welt auf sich zumünzend, anstatt sich auf die Welt hin ausrichtend, bleibt er verblendet und «macht alles unwahr».
Der Ochse hat immer noch etwas von seiner bockigen Eigenläufigkeit, die sich nicht an das Ganze, an den universalen SINN[34] anbinden und zügeln lassen will, beibehalten. Ist es verwunderlich, daß somit, trotz aller Fortschritte im persönlichen Entwicklungsprozeß, doch immer wieder Schwierigkeiten, Ungereimtheiten, Probleme und Widernisse entstehen?
Schon dann, wenn Du konkret bezogen auf gewisse augenblickliche Verhältnisse diesen Zusammenhang auf solche Weise sehen kannst, bist Du in der richtigen Haltung und hast die Chance, diese Situation zu meistern.

«Laß den Nasenring nicht los,
laß nicht einmal einen Zweifel zu!»

So viele Menschen sind unterwegs, «auf der Suche», und sie haben bereits viele Bücher gelesen, auch gute und wegweisende, viele Seminare besucht, auch gute und wegweisende; nur einige von ihnen haben begonnen, an sich selbst zu arbeiten, das Gehörte, Gelesene und Verstandene auch anzuwenden. Aber dann, nach anfänglicher Euphorie, wenn die Arbeit zäh wird und die Anstrengungen nicht unmittelbar bleibenden Erfolg aufweisen, erlahmen sie in ihren Bemühungen, werden lustlos und geben diesem falschen Gefühl nach. Sie beginnen anzuzweifeln, was sie anfangs selbst klar verstanden und hoffnungsvoll aufgegriffen haben. Der Zweifel wirkt wie eine zersetzende Kraft. Es geht ihnen wie den Jüngern im Boot, nachdem Jesus sie «ans andere Ufer» geschickt hatte und ihnen dann plötzlich Wind entgegenblies und die hohen Wellen das Boot umzukippen drohten. – Genau das ist die Situation! – Bitte, seid nicht so naiv, diese Anekdote im Neuen Testament allzu wörtlich und vordergründig zu verstehen, sondern in ihrer weisen Symbolik! Es ist eine gleichnishafte Erzählung für das, was jedem ereignet und sich «in den Weg stellt», der sich «auf den Weg macht». Jesus ermahnte seine Jünger auf seine Weise: «Ihr Kleingläubigen, habt doch Vertrauen!» Meister Kakuan ermahnt uns: *«Laß den Nasenring nicht los, laß nicht einmal einen Zweifel zu!»*

Habt doch Vertrauen, bleibt auf dem Weg!

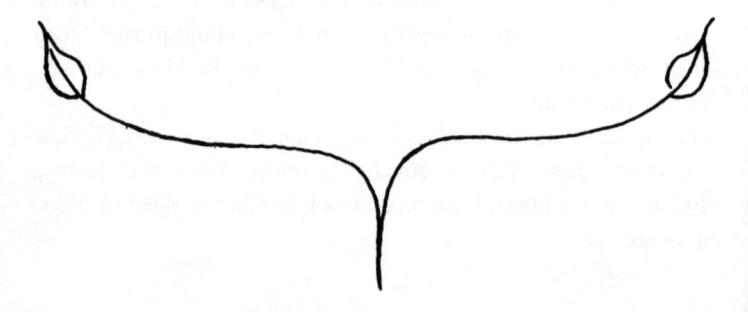

Der Heimritt auf dem Ochsen

Kommentar

Dieser Kampf ist vorüber. Gewinn und Verlust sind ausgewogen. Ich stimme den Gesang des dörflichen Holzfällers an und spiele die Lieder der Kinder. Auf dem Ochsen reitend, schau ich empor zu den Wolken.
Ich reite zu – mag mich zurückrufen wer will!

Auf dem Ochsen sitzend, kehre ich langsam heim.
Die Stimme meiner Flöte ertönt durch den Abend.
Ich schlage mit meinen Händen den Takt
zum Puls dieser Harmonie,
den nicht endenden Rhythmus dirigierend.
Wer immer diese Weise hört, schließt sich mir an.

«Auf dem Ochsen sitzend, kehre ich langsam heim.
Die Stimme meiner Flöte ertönt durch den Abend.»

Es ist geschafft! Das Leben kann beginnen. Das Leben beginnt und blüht auf! Alles vorher war nur Vorstufe, Vorbereitung, Organisation und Grundlagenbeschaffung. Jetzt erst ist wahres Leben möglich, Leben, welches seine ureigene Qualität offenbart und verbreitet wie Blütenduft, wie der Klang einer Flöte.
Alles vorher war Wachsen, Aufbau einer Grundlage, wie die Organisation von Atomen zu Molekülen, die Verflechtung der Moleküle zu Zellen und die Aneinanderreihung von Zellen, bis eine Pflanze dasteht, aufrecht und stark, nach unten tief verwurzelt im Erdreich, Halt und Nahrung findend, und nach oben vielfältig verzweigt und endlich mit Knospen versehen, aus welchen Blüten zur Entfaltung kommen, den Fruchtknoten in ihrem Zentrum, und Blüten- und Kelchblätter ausbreitend dem himmlischen Sonnenlicht entgegen, atmend und farbenfroh strahlend und mit ihrem Duft Insekten anziehend und Menschen verzaubernd.

LEBEN!

Alles vorher war wie der Bau einer Flöte: Holz von allen Verknorpelungen, Unebenheiten und Rauheiten befreit, alle Öffnungen geschaffen von unten nach oben, harmonisch aufeinander abgestimmt und alle Dissonanzen korrigiert. Jetzt erst ertönt das Leben in seiner ganzen Schönheit, in seinen vielfältigen Melodien! –
«Die Stimme meiner Flöte ertönt durch den Abend.» –
Das Tagewerk ist vollbracht, der Abendfrieden erfüllt den Raum.

«Ich schlage mit meinen Händen den Takt zum Puls dieser Harmonie,
den nicht endenden Rhythmus dirigierend.
Wer immer diese Weise hört, schließt sich mir an.»

Es gibt eine Harmonie von Leben und Natur, in welcher nichts ausgeschlossen ist und nichts einseitig bevorzugt wird. Diese Harmonie wird erlebt, wenn man vor allem sich selbst nicht ausschließt und keinen der vielfältigen Lebensfaktoren, die in einem steten Rhythmus, aufwallend und verebbend, ihre polaren und nur von unserem subjektiven Standpunkt aus widersprüchlichen Aspekte hervorbringen und in Szene setzen: Tag und Nacht, Sommer und Winter, Sonnenschein und Hagel, Gewinn und Verlust, Werden und Vergehen, Ausdehnung und Zusammenziehung… Eintauchen in den Rhythmus allen Lebens, mitschwingen in der Vibration der natürlichen Vorgänge außen und innen, vertraut werden mit dem DHARMA,[36] dem TAO, dem «nichtendenden Rhythmus» von Natur und Kosmos!

*

«Ich schlage mit meinen Händen den Takt zum Puls der Harmonie.»

Meine eigene Schöpferkraft, meine wirklich kreative Aktivität und Zutat ist nicht eine eigensinnige naturverändernde Neuinterpretation und Verfremdung, sondern die bestätigende Geste des Taktschlagens. Dieses Mitspielen des Menschen im Chor und Orchester des Lebens mit einem erwachten Bewußtsein ist eine neue schöpferische Qualität der Natur und des kosmischen Entwicklungsprozesses.
«Ich schlage mit meinen Händen den Takt zum Puls der Harmonie.»
Was gibt es da noch zu sagen? – Du hast es geschafft!

– – –

Komm, laß uns so verweilen, den Abendfrieden genießend!

«Ich stimme den Gesang des dörflichen Holzfällers an und spiele die Lieder der Kinder.»

Das Leben in seiner Fülle, seiner Schönheit und Harmonie ist ohne Pathos, ist vielfältige Einfachheit! Der gewonnene wundervolle Zustand, aus welchem hervor die Melodien des Lebens erklingen, verführt nicht zu verräterischem Stolz, Größenwahn, Überheblichkeit, Arroganz und elitärem Gehabe. Das Leben atmet durch jeden Grashalm, erklingt durch jeden Vogel und durch das Blätterwerk des Ahorns, durch das Lachen und Weinen von einfachen Menschen, durch die einfältigen «Lieder der Kinder und Holzfäller» und schafft seine Harmonie im Spiel der Wolken, der Meereswellen und in dem Tanz der herbstlichen Blätter. Es formt seine unerschöpflichen Reichtümer, Schönheiten und Qualitäten werdend und vergehend und wieder neu entstehend in der Seele, in den Herzen, in den Gedanken und Träumen all der unzähligen fühlenden Wesen, in jedem der Milliarden Menschen, ganz unabhängig von ihrem sozialen Rang, ihrer gesellschaftlichen Position, der Achtung oder Verachtung, die sie genießen, der wirtschaftlichen, politischen oder geistigen Karriere. – Wo das Leben atmet, aufblüht, erklingt, ist es frei von solchen sekundären Hypertrophien und entdeckt die schlichte Einfachheit als geeigneten Raum zu seiner Entfaltung! Das ist der Grund, warum alle wirklich «Großen Menschen», die Mahatmas, in jeder Hinsicht, materiell und geistig, aufs äußerste einfach und bescheiden, schlicht und unauffällig gelebt haben.

«Auf dem Ochsen reitend, schau ich empor zu den Wolken.
Ich reite zu – mag mich zurückrufen wer will.»

«Auf dem Ochsen reitend» ist die große Vertrautheit, das Zueinandergehören und gegenseitige Einverständnis, das intime Miteinander, die beiderseitige Ergänzung, der Zusammenklang, die verwirklichte Harmonie von der wahren Natur, der mit kosmischer Weisheit durchtränkten Urkraft und dem Höheren Bewußtsein. Die früher blinde, in Hintergrund und Verborgenheit abgetrennte, obwohl vorhandene Kraft der Natur und ihre innewohnende Weisheit ist jetzt bewußt erlebte und schöpferisch wirkende Basis: «Auf dem Ochsen reitend… ohne Seil und Zügel die Flöte spielend…», jetzt wo das Leben sich entfaltet, ganz auf der Erde angekommen aufblüht und die Landschaft mit ihrem Duft und Klang erfüllt – – – jetzt ist der Blick frei, emporzuschauen zu den Wolken. Jetzt nimmt das Bewußtsein auch den unendlichen Raum wahr, der diese Erde umschließt, auf der man steht und atmet. Es entsteht kein neuer Druck und Streß hierdurch, aber man weiß, der Weg geht weiter. «*Ich reite zu…*» Angekommen auf der Erde, *ganz da,* wie man im YOGA sagt, in Harmonie mit dem Leben und seinen Grundlagen, weiß man:

Der Weg ist noch nicht zu Ende!

«Mag mich zurückrufen wer will»: «Es führt kein Weg mehr zurück», sagt man manchmal. Es ist etwas erreicht, ein Entwicklungsstand, ein Niveau, das man für keine Verlockungen aus der alten Welt, die man endgültig überwunden hat, wieder aufgibt oder verliert.

«Mag mich zurückrufen wer will.» Mit Sicherheit werden sich immer wieder Stimmen erheben, zumindest anfangs sehr deutlich und massiv, mal lockend, mal drohend. Die Welt, aus der man kommt, Verwandte, Freunde, Kollegen, die eigene Familie, läßt einen nicht so ohne weiteres ziehen. Sie spüren genau, was da geschehen ist, und werden eifersüchtig, neidisch und u. U. sehr grimmig. Die Masse duldet nicht, daß sich einer aus ihrer Uniformität von Abhängigkeiten, Verstrickungen, Schwierigkeiten und Konflikten löst und befreit und «es sich so einfach macht», wie sie es nennen. So einfach leben, *einfach* leben, einfach *leben*, das ist eine Provokation…, und sie werden Dich zurückrufen wollen; sie werden es mit Sicherheit versuchen!

Aber, einmal das *Leben* gerochen, geschmeckt, gehört und gesehen, im Bewußtsein erkannt, wirst Du Dich nicht mehr zurückrufen lassen, auch nicht Dich zurückpfeifen lassen.

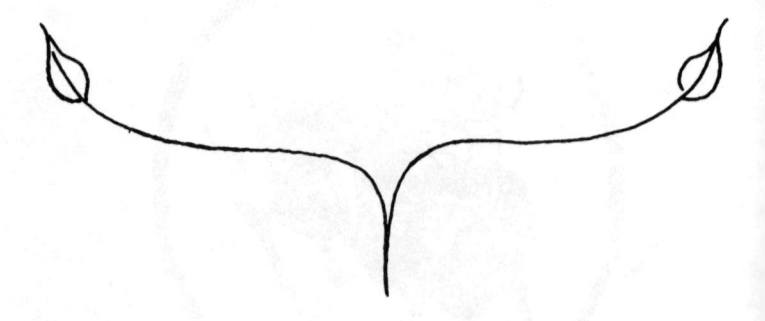

Der Ochse ist transzendiert

Kommentar

Alles ist ein Gesetz, nicht zwei. Wir machen den Ochsen nur eine Zeitlang zu unserem Gegenstand. Es ist wie die Beziehung zwischen Hase und Falle, zwischen Fisch und Netz. Oder es ist wie Gold und Schlacke, oder wie der Mond, der aus einer Wolke auftaucht.
Eine einzige Bahn klaren Lichts reist unentwegt durch endlose Zeit.

Auf dem Rücken des Ochsen kehre ich heim.
Ich bin heiter. Auch der Ochse kann sich ausruhen.
Der Morgen dämmert, und selig ruhend
habe ich in meinem strohgedeckten Haus
Peitsche und Strick beiseite gelegt.

Es entsteht eine Phase der Ruhe, vollkommenes Ruhen, eine ruhige wache Gegenwärtigkeit: endlich!

*

Wenn Du lesend, betrachtend und Dich selbst prüfend bis hierher mitgegangen bist, laß Dir jetzt ebenfalls genügend Zeit und Ruhe, Dich zu versenken in diese friedvolle, wohltuende, paradiesisch-schöne Atmosphäre des siebten Bildes!

Es ist dies auch genau die entspannte, wache Ruhe, die als Voraussetzung für jede geistig tiefe Yogapraxis und Meditation immer wieder neu geschaffen wird. Alle körperlichen Tätigkeiten losgelassen, die emotionalen Aufwühlungen besänftigt und jegliche geistige Aktivität beendet: Leere, Stille, lichter offener Raum, reine, klare Bewußtheit! Eine sanfte, heitere Gestimmtheit erfüllt wohltuend Körper, Herz und Geist, und die Landschaft ringsum, die umgebende Lebenssituation strahlt eben diese zauberhafte Leichtigkeit, Lichtheit und Friedlichkeit zurück. Alles ist wie immer, Haus, Fels, Garten, Bambus, Mond und man selbst, und doch, nach dieser bewegten, turbulenten Wegstrecke ist alles anders als zuvor. Nichts hat sich geändert an den äußeren Verhältnissen, und doch ist alles vollkommen anders! – Was ist geschehen?
Schau den Hirten an, wie er dasitzt! – Versuche Dich in ihn hineinzufühlen, so wie er dasitzt, und versuche selbst, eben jetzt in diesem Augenblick, so zu verweilen – in eben solcher Verfassung! – – –

*

Manche der Bauersleute früher haben sich spontan und völlig natürlicherweise nach langem und hartem Tagewerk abends vors Haus auf ein altes Holzbänkchen gesetzt und «die Hände in den Schoß gelegt», im wörtlichen wie auch im übertragenen Sinne. Es wurde kaum oder gar nicht gesprochen. Was sollte es nach getaner Arbeit auch noch zu reden geben? – Jeder hatte alles erlebt und sein Bestes getan. Mehr war nicht zu tun, und besser ging es nicht; dieser Tag hatte sein Ende, und morgen würde ein neuer sein. Die Tagesereignisse und all die Aufregungen konnten nun allmählich im Herzen und im Gehirn ausklingen, der Körper sich entspannen und insgesamt genügend Ruhe einkehren, um gähnend das Nachtgebet zu murmeln. Dies war ihre Art, «zu den Wolken am Himmel» aufzuschauen.
Auch für Dich in dieser Phase gilt: Dieser Tag hat sein Ende, und morgen wird ein neuer sein!

«... selig ruhend habe ich in meinem strohgedeckten Haus Peitsche und Strick beiseite gelegt.»

Disziplin und die Anstrengungen des Höheren Bewußtseins können endgültig beiseite gelegt werden. Nicht daß sie fehlen würden – sie verbleiben im «strohgedeckten Haus» –, aber sie sind nicht mehr im Vordergrund und in bewußter und gezielter Anwendung, wie dies bei aktiver Schulung, Einübung und Training der Fall ist. Der Ochse selbst ist nicht mehr zu sehen. Auch ihn gibt es als solchen gar nicht mehr, obwohl nach wie vor und einflußreicher denn je gegenwärtig! Dies möge nicht als wortspielerisches Paradoxon mißverstanden werden, sondern ist genau so zu verstehen wie ausgedrückt! Dies ist vollkommene Integration oder «Transzendierung». Wenn Du Zucker in den Tee gibst, ist kein Zucker mehr vorhanden und doch vollkommen gegenwärtig in der Süße des Tees. Dies ist gewissermaßen ebenfalls eine Art «Transzendierung» des Zuckers. Solche Transzendierungsprozesse finden im kosmischen und irdischen Geschehen milliardenhaft ständig statt, Umwandlungsprozesse, Integrationsprozesse, die Leben, Entwicklung, Niveauveränderung verursachen. Auf solche Weise sind letztendlich aus Materie Pflanzen, Tiere und Menschen entstanden und aus einer «einfachen» befruchteten Eizelle, einem Einzellerwesen also, Du selbst!

«Alles ist ein Gesetz, nicht zwei. Wir machen den Ochsen nur eine Zeitlang zu unserem Gegenstand. Es ist wie die Beziehung zwischen Hase und Falle, zwischen Fisch und Netz. Oder es ist wie Gold und Schlacke, oder wie der Mond, der aus einer Wolke auftaucht. Eine einzige Bahn klaren Lichts reist unentwegt durch endlose Zeit!»

Es ist die innere Verfassung erreicht, wo man empfänglich, wahrnehmungsbereit und wahrnehmungsfähig wird für die größere und umfassenderere, zugleich aber auch die allesdurchdringende und -bewegende Wirklichkeit. Man gewinnt ein Ohr für das allesdurchwirkende kosmische Gesetz, für die göttliche Ordnung und Intention, und man erkennt als erstes:

Die Myriaden verschiedener Formen, Qualitäten und Phänomene von Dingen und Lebewesen, all die scheinbaren Widersprüche und Unvereinbarkeiten unterliegen gemeinsam *einem* Gesetz, *einer* Gesamtordnung, *einem* umfassenden gemeinsamen SINN[34] – «Hase und Falle», «Fisch und Netz», «Gold und Schlacke», «Mond und Wolke» – wir mögen von unserem beschränkten, unerwachten, dualisierenden Punktbewußtsein aus dagegen schreien, revoltieren und logisch verneinen – sind die Spur einer «einzigen Bahn klaren Lichts»! Sie sind Ausdruck einer einzigen, allesumfassenden klaren und absoluten Bewußtheit und Weisheit, folgen ein und demselben inneren Antrieb.

Die Vielfältigkeiten und Widersprüche der Welt werden erkannt, wie sie im lebendigen Zusammenwirken doch eine alles umfassende, harmonische und sinnvolle Einheit ergeben.

Hier beginnt, nach langer Irrfahrt durch die äußere Welt der Erscheinungen[37] endlich «heimgekehrt», zu sich gekommen, wie man sagt, aus der tiefen Ruhe und Stille von Herz und Geist ein neuer Keim sich zu regen: Fokussierung einer neuen, ganz anderen, der nächsten Wegstrecke eines ständig fortschreitenden Werdegangs.

*

«Der Morgen dämmert.»

Noch ist wie jede Nacht, die sich als Entspannungspolster zwischen zwei Tage einfügt, Ruhe, tiefe, wohltuende Ruhe, in der es nichts zu tun gibt, in der man tief aus- und aufatmen kann und die Gegenwart genießen, aber…, und dies «aber» ist kein Signal zum Erschrecken, sondern wie das erste Lichtzeichen am östlichen Morgenhimmel: «Der Morgen dämmert», es folgt ein neuer Tag, eine völlig neue Dimension des Erwachens.[38] Es ist der Tag der endgültigen Heimkehr:

«Auf dem Rücken des Ochsen kehre ich heim.
Ich bin heiter. Auch der Ochse kann sich ausruhen.
Der Morgen dämmert.»

8

Shunyata, Leere

Kommentar

Alles Mittelmaß ist fort, der Geist ist frei von Begrenztheit.
Ich suche keinen Zustand von Erleuchtung.
Aber auch dort, wo keine Erleuchtung ist, bin ich nicht mehr.
Da ich weder hier noch dort weile, können keine Augen mich sehen.
Schwärme von Vögeln könnten mir Blüten auf den Weg streuen – es wäre eine bedeutungslose Ehre.

八
人牛
俱忘

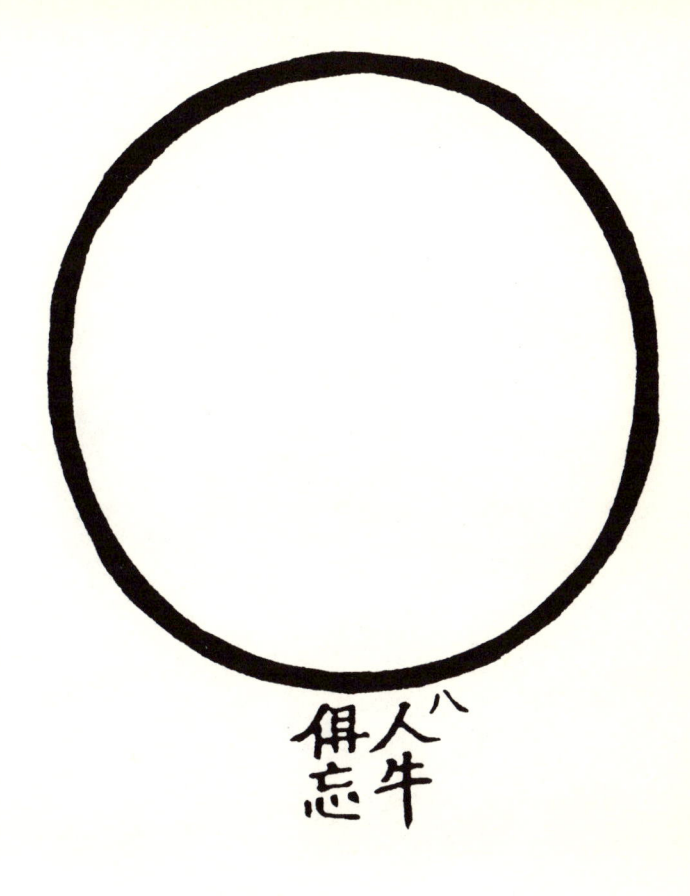

Peitsche, Strick, Mensch und Ochse –
alles wird zu Nichts.
Dieser Himmel ist so grenzenlos –
keine Botschaft kann ihn beflecken.
Wie kann eine Schneeflocke in wütendem Feuer leben?
Hier finden sich die Fußspuren der Patriarchen.

«*Alles Mittelmaß ist fort; der Geist ist frei von Begrenztheit.*»
Die Bauersleute, die abends den Tag und die äußere Welt verklingen, ausklingen lassen, die Hände in ihren Schoß gelegt, stumm und bewegungslos auf der Hausbank unter dem Nußbaum verweilen, streifen kurz mit ihrem Nachtgebet den Himmel, das göttliche Universum, und versinken friedlich in ihren verdienten Schlaf. – Der suchende Geist auf dem Weg «nach Erkenntnis, Glück und Erfüllung» wird an dieser Schwelle (– an der die zwei Türen sind, von denen die eine in den Schlaf, die andere in *samadhi* führt, wie zuvor bereits erwähnt –) die andere Türe, die Türe in die «Unbegrenztheit des Geistes» öffnen, wo alle vordergründige Phänomenalität und Dualität aufgelöst sind und sich der unbegrenzte *Raum* der Wirklichkeit auftut. An dieser Schwelle enden alle bisher gültigen Kategorien, Definitionen und geistigen Verständnisversuche. Hier öffnet sich der unendliche *Raum*, oder er bleibt verschlossen. Hier geschieht es, oder es geschieht nicht, die Samenkapsel ist reif und springt auf, oder sie ist noch nicht reif und bleibt zu. Hier kann nichts bewirkt werden; es kann einzig und allein die richtige Türe gewählt werden im Moment tiefster Ruhe entspannter Aufmerksamkeit. Das ist gemeint, wenn im Kommentar gesagt wird:

«*Ich suche keinen Zustand der Erleuchtung.*
Aber auch dort, wo keine Erleuchtung ist, bin ich nicht mehr.»

Selbstverständlich ist und bleibt die innerste Intention das «Große Erwachen», aber man ist eben an den springenden Punkt gelangt, wo alle bisherigen persönlichen Anstrengungen ihr Ende finden, das ICH als solches endgültig und vollkommen überwunden wird und eine ganz andere Dimension, die Dimension des Universums einzig und allein die schöpferische Rolle behält. So gibt das ICH hier endgültig die Vorstellung auf, als solches, nämlich als ICH, weiterhin handeln und bewirken zu müssen. Ja, hier angekommen aufgrund vielfältiger mutiger und bewundernswerter persönlicher Anstrengungen, Verantwortung und Ausdauer, ist die endgültige Grenze des ICHs. Dies ist die Stelle in der Entwicklung, von der es oft heißt, daß man an einem gewissen Punkt «in den tödlichen Abgrund springen müsse», um wirklich und endgültig erwachen zu können.

In allen, auch den abendländischen, wie z. B. den griechischen Mysterien, gilt das «Stirb und Werde!». Davor hat der persönliche Geist natürlich ungeheure Angst, denn nichts möchte das ICH weniger als sterben. Das ist der tiefe Grund, warum sich das Tor zum Großen Erwachen nur für sehr wenige, sehr mutige Geister öffnet, nur den «Großen Seelen» (Mahatmas), wie es die Inder ausdrücken. Diese gewöhnliche Angst, so ist es nicht nur buddhistische Lehre, ist das Ergebnis der tiefen Verblendung und Illusion oder Bewußtseinstäuschung. Die «Ich-Illusion» hat es Allan Watts als Buchtitel genannt.[39] Die dritte der «Drei grundlegenden Fesseln», von denen die ersten beiden, wie oben bereits erwähnt, Gier sowie Wut und Ärger sind, ist in der buddhistischen Lehre diese «Ich-Verblendung», welche unerschöpfliche Angst gebiert, Angst vor Veränderungen und dem ganzen Komplex der Vergänglichkeit, welche nicht haltmacht vor unserem Körper, nicht haltmacht vor unserem Gemüt und Charakter, nicht haltmacht vor unserem Geist mit seinen Konzepten und in keiner Weise also haltmacht vor unserer gesamten Exisenz, so wie sie von uns hier und jetzt erfahren wird. *Panta rei*, faßte Heraklit zusammen, «alles fließt». Wie gebildet hört sich ein solches Zitat an, und wie süß geht es uns von der Zunge! Aber: *Alles* fließt, vollkommen auch das ICH, und irgendwann wird es vollkommen zerflossen sein!

*

Wie tief kannst Du Dich wohl dort hinein versenken in Deiner Meditation, um vollkommen an die Grenze zu gelangen, wo die letzten Reste von Ichhaftigkeit[40] zerrinnen und sich auflösen über die Grenze hinweg in den unendlichen Raum: shunyata, Leere?

Shunyata – die *Leere* – die absolute große Wirklichkeit, ist der Schlüsselbegriff buddhistischer Erkenntnis. Leere vermittelt einem allzu vordergründig philosophierenden Menschen, der nie in die unendlichen Tiefen der Meditation oder geistigen Versenkung gelangt ist, die Vorstellung von absolutem Nichts, von letztendlicher Nichtheit. Dies ist jedoch in keiner Weise der Wirklichkeit entsprechend. *Shunyata* – Leere – drückt aus, daß nichts Förmliches, Gestaltetes, Substantielles, den Sinnen oder dem Geist Zugängliches wahrgenommen werden kann, inpliziert jedoch nicht, daß es absolut nichts sei. Es handelt sich in eindeutiger Strenge um Transzendenz.[41] Das einzige, was man in tiefer Meditation erfahren kann, was viele erleuchteten Meister bestätigen, ist, daß alles Existentielle, Phänomenale aus dieser «Leere» kommt und in diese wieder zurücksinkt, um wieder neu hervorzutreten. Im Bereich des Phänomenalen bleibt nichts, aber auch gar nichts erhalten oder zurück; im Bereich der Transzendenz herrscht Unzerstörbarkeit, Ewigkeit. Die ZEN-Leute sagen, wie immer in ihrer nüchtern-trockenen, krassen und knappen Art und Weise zutreffend:

    Aus Leere wird Form,
    aus Form wird Leere.

Oder noch provozierend knapper, so daß es durch seine scheinbare Paradoxie für viele, die sich auf dem geistigen Weg befinden, zu einem unlösbaren Problem wird:

    Form ist Leere,
    Leere ist Form.

八
人牛
俱忘

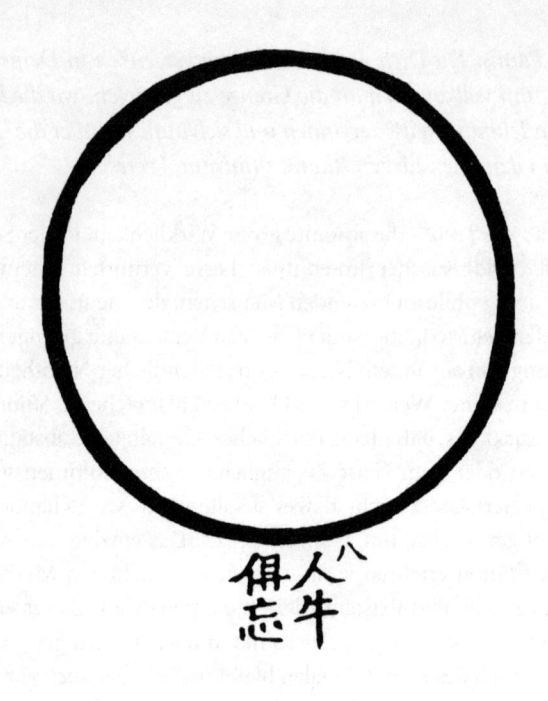

Verweile lange Zeit konzentriert bei diesem Bild!
Wirst Du durch dieses Tor hindurchfinden?

Wenn Du Dir jetzt das achte Bild anschaust und Dich darin vertiefst, erkennst Du die absolute, allesumfassende und allesdurchdringende Wirklichkeit! Diese Wirklichkeit ist nicht irgendwo weit weg, ganz am Ende dieses Lebens, irgendwo jenseits des Sterbens, nein, sie ist inmit-

ten dieser Existenz, ganz unmittelbar alles durchwebend, jede augenblickliche Form und Gestalt bis in die Atome hinein, auch die größten Bauwerke und Berge durchwirkend, ja durch unsere persönliche Existenz hindurch: Es ist das LEBEN selbst, welches sich wechselnd als Form und Leere offenbart und jederzeit beides zugleich ist.[42]

Wenn es gelingt, an diese entscheidende Schwelle zur Transzendenz zu gelangen, und dann auch gelingt, lange genug dort schweigend und zugleich sehr wach zu verweilen, von Angesicht zu Angesicht mit shunyata, *der Leere, wirst Du irgendwann zunehmend deutlich spüren, daß da wirklich nicht Nichts im nihilistischen Sinne des Sprachgebrauchs ist, sondern etwas sehr Tiefes, Tragendes, Kraftvolles, was man nur unscharf mit «Energie» bezeichnen kann. Du spürst, je mehr Du Dich darauf bzw. darin losläßt, daß es letztendlich vollkommen trägt!*

Nüchtern philosophisch ausgedrückt kann man sagen: shunyata, *Leere, ist nicht Nichts, sondern höchste Potentialität! Dies ist die eigentlich-wesentliche, die entscheidende Erfahrung!*

Aber hüte Dich, Dir Bilder zu machen, wovon man sich keine Bilder und Vorstellungen machen darf, wenn man nicht auf die Stufe des Aberglaubens zurückfallen will. Der menschliche Geist neigt dazu; es ist seine Natur, sich auf jeder Stufe des Erkennens durch bildhafte Vorstellungen die Realität greifbar und dadurch begreiflich zu machen. Jedoch können geistige Entwicklung und Erkenntnis nur dann voranschreiten, wenn immer wieder alle vorhandenen und neu auftauchenden Bilder und Vorstellungsmodelle aufgelöst und völlig aufgehoben werden. Diesbezüglich waren einige der großen alten ZEN-Meister wirklich vorbildliche Lehrer.[43]

Betrachte immer wieder in Ruhe das achte Bild! Es wird immer wieder als Symbol-Zeichen der Erleuchtung genommen. – – –

Du wirst jetzt vielleicht verstehen, warum es in poetisch-schöner Symbolik heißt:

«Hier finden sich Fußspuren der Patriarchen!»

Rückkehr zur Quelle

Kommentar

Von Anfang an ist die Wahrheit klar. Schweigend sitze ich da und betrachte die Formen der Gestaltung und Auflösung. Einer, der nicht an Form gebunden ist, braucht nicht neu geformt zu werden. Das Wasser ist smaragden, der Berg tiefblau, und ich sehe das Erzeugende und das Zerstörende.

Zu viele Schritte sind getan worden,
um zur Wurzel und Quelle zurückzukehren.
Besser, man wäre von Anfang an
blind und taub gewesen!
Wohnend, wo man wirklich hingehört,
unbekümmert ums Äußere –
der Fluß zieht gelassen weiter,
und die Blumen sind rot.

Mit der zuletzt behandelten Skizze endete die ursprüngliche Bildfolge, die von einem taoistischen Meister gemalt worden war.
In China haben taoistische und buddhistische Kunst, Literatur und Philosophie sich in großer Harmonie gegenseitig befruchtet, so daß speziell der Buddhismus dort auch eine bemerkenswerte und wohltuende Lebendigkeit und Naturnähe gewonnen hat, während man in anderen Kulturbereichen buddhistischer Ausbreitung teilweise auch eine gewisse prüde Trockenheit, nüchtern-graue Asketik und eine etwas dürre und steife Formalphilosophie vorfindet. Diese diesbezüglichen Unterschiede zwischen farbig-lebendig und etwas vertrocknet-grau kann man heute im europäischen Raum genau wiedererkennen, da eigentlich fast alle ehemals zeitlich und räumlich getrennten Schulrichtungen des Buddhismus heute hier vertreten sind bzw. ihre mehr oder weniger traditionsgetreue Fortsetzung gefunden haben.
Meister Kakuan nun hat diese ursprünglich nur aus acht Bildern bestehende Wegzeichnung um zwei weitere Bilder ergänzt. Die ersten acht markieren den Weg bis ganz oben auf die höchste Bergspitze, wo die «Erde» völlig unten und hinten verschwindet und der unendliche «Himmelsraum» sich öffnet – den Weg also aus der Eingeflochtenheit, Gebundenheit, Fesselung des Bewußtseins in Materie und sinnliche Erfahrungsbereiche, aus der Enge und Dunkelheit des Unerwachtseins und der Täuschungen hinaus und hinauf in die Höhe und Weite völlig erwachter Bewußtheit: Unendlichkeitsbewußtsein, Erleuchtungsbewußtsein![44]

*«Zu viele Schritte sind getan worden,
um zur Wurzel und Quelle zurückzukehren.*
Besser, man wäre von Anfang an blind und taub gewesen!»

Dieser Satz klingt zunächst verwirrend. Er scheint im Gegensatz zu der Aufforderung zu stehen, «sich auf den Weg machen» und alle nötigen Schritte zu tun, um die Schwelle zu erreichen, aber das scheint nur so. Man muß den Satz Meister Kakuans an dieser Stelle richtig verstehen! Erinnere Dich: «Das TAO hat seinen Ort, seine Zeit und seine Art und Weise» – jedes Ding, jede Handlung, jedes Wort hat nur an der ganz bestimmten Stelle und in einem ganz bestimmten Zusammenhang und in einer ganz spezifischen Weise seinen Sinn. Also, man muß diesen Satz hier zu Beginn des neunten Bildkapitels, bezogen auf eine ganz bestimmte Entwicklungsphase, richtig verstehen:

*«Zu viele Schritte sind getan worden,
um zur WURZEL und Quelle zurückzukehren.»*

Was ist die Wurzel, was die Quelle? – Es ist der Ausgangspunkt, die Ur-Sache, aus der es hervorbricht, sich kristallisierend, formend, entfaltend: der Baum, der Fluß, das Ich. Hier ist als «Wurzel» und «Quelle» bezeichnet, woher alle Phänomene dieser Erde, diese Schöpfung Erde selbst und alle ihre einzelnen Lebewesen hervorgebildet werden, in Erscheinung treten und ihre vergängliche Entwicklungsbahn ziehen, um sich dann wieder vollkommen aufzulösen. Man hätte mit einem einzigen Sprung zurückfinden können – mit Klarheit zur Wahrheit –, man hätte schlagartig, blitzartig Erkenntnis, Einsicht in die grundsätzliche Realität haben können, die «Wahre Natur» aller Dinge und Wesen erfassen können, aber der vorsichtige, mißtrauische, zweifelnde, immer handgreifliche Beweise suchende Verstand, dessen Grundkonzeption und Hauptanliegen es ist, zu suggerieren, daß es objektive, unveränderbare, ewiggültige Realitätsform und Stabilität gibt und diese durch äußerst kluges Management auch zu erreichen ist, hat sich mit ganzer Kraft immer wieder dazwischengeworfen, um zu verhindern, daß dieser große «Sprung in den Abgrund» gelingt. Vom Standpunkt des sich immer am vordergründig Beweisbaren festklammernden Verstandes ist es wirklich ein «Sprung in den Abgrund», ein Todessprung, wenn die Illusion des Ichs endgültig aufgelöst wird, die Nebelwand aller vordergründigen Phänomenalität zerreißt und plötzlich in Erscheinung tritt, was hinter all diesen Vorgängen wahre Wirklichkeit ist, die alles tragende Kraft des Lebens! Unsere augenblickliche Existenz, unser Ego, wie wir es erleben, wird deshalb immer wieder als «Traum», als Täuschung, als Illusion bezeichnet, nicht weil es nicht wirklich wäre, sondern weil es unweigerlich mit dem Tod, der Auflösung, endet und zur Urquelle zurückkehrt, aus der es neu formend wieder aufbricht.

Der Verstand ist Bewußtseinsenergie mit nicht sehr hoher Frequenz. Er vermag nur das Unmittelbare einigermaßen auszuleuchten und zu verwerten. Zwangsläufig fürchtet er sich vor den unwägbaren Tiefen und Weiten der unendlichen Dimension von Wirklichkeit, die sich um Geburt und Tod spannen. LEBEN, diese große Realität, die Werden und Vergehen, Leben und Tod umschließt und deren scheinbaren Widerspruch als Täuschung völlig entlarvt und auflöst, sobald das «Große Erwachen» geschieht – Durchbruch der Sonne durch die Nebelwand –, kann deshalb vom ängstlichen und kleinlichen Verstand nicht erfaßt werden. Der Verstand ist so sehr im Vordergründigen gefangen, daß er allüberall nur Gegensätzlichkeiten, Widersprüche und Unvereinbarkeiten erkennt und somit in ihnen gefangen bleibt. Er ist es, der all «die vielen Schritte» tun muß, um Realität zu erfassen, sich ewig abmüht, abhetzt und quält und doch letztendlich erkennen muß: «oida, mä ouk oida» (Sokrates: «Ich weiß, daß ich nicht weiß.») Jetzt, wenn nach langen, mühsamen und vielfältigen Anstrengungen, u.U. auch mit Hilfe der in diesem Buch aufgezeigten Entwicklungsschritte, die Wand des Nebels von Täuschung und Illusion durchstoßen ist, erkennt man: Eigentlich wäre es *«besser, man wäre von Anfang an blind und taub gewesen»*. Es wäre besser gewesen, man hätte sich nicht zu lange mit den irreführenden, kleinkarätigen, völlig unzulänglichen Zweifelsargumenten des egozentrierten und alles egozentrierenden Verstandes abgegeben, zu viele Schritte vergeudet, sondern hätte sich statt dessen voll Vertrauen gänzlich fallenlassen, «blind-vertrauend» auf das, «was die Welt im Innersten zusammenhält» (J. W. von Goethe)[45]), sich «taub» machend gegenüber all den verwirrenden endlosen Thesen und Diskussionen von Philosophen, Theologen, Wissenschaftlern und Ideologen. Man hätte voll Vertrauen auf das Zeugnis all der Großen Meister, daß die «Wahre Natur», «das Reich Gottes», «die Buddhanatur», die vollendete, ewige, absolute, unzerstörbare Wesenheit Kern eines jeden Menschen ist, sich unmittelbar und direkt der Quelle zuwenden können, dem «Lebenswasser», von dem man nie mehr durstig wird.[46] Jetzt erkennt man, daß «*zuviel Schritte getan worden sind*».

«*Von Anfang an ist die Wahrheit klar.*»

Sie wird nicht durch uns und nicht durch intelligente Bemühungen und Geistesakrobatik geschaffen! Sie ist so klar und leuchtend wie die Sonne zu jeder Zeit, auch wenn sie für unsere Augen von Wolken und Nebeldunst noch so verdeckt wird oder unsere Augen völlig blind wären.
Jetzt, wo das Grundsätzliche, Hintergründige, das Ganze des LEBENS erkannt ist, kann der eigene Verstand ruhen:

«*Schweigend sitze ich da und betrachte die Formen der Gestaltung und Auflösung*»,

nämlich das große unendliche Schauspiel von ständigem Werden und Vergehen in großen, kleinen und kleinsten rhythmischen Bewegungen von Ausdehnung und Zusammenziehung, Gestaltung und Auflösung, «*das Erzeugende und das Zerstörende*».

«*Schweigend sitze ich da und betrachte...*» voller Ruhe und Gelassenheit. Das Ego mischt sich nicht mehr hadernd und rebellierend ein, sträubt sich nicht mehr krampfend und kämpfend gegen das große

Gesetz des LEBENS, sondern schwingt mit, *«wohnend, wo man wirklich hingehört»*, nämlich integriert in den kosmischen Prozeß, wie alle anderen Dinge auch:

«Der Fluß zieht gelassen weiter,
und die Blumen sind rot.»

Fluß und Blumen haben von vornherein keine Probleme hiermit. Wir Menschen müssen innerhalb unserer Entwicklung die Ebene von Fluß und Blumen verlassen, um auf einer höheren Ebene anzukommen, wo SEIN, zu vollerwachtem Bewußt-Sein geworden, wieder neu, jedoch auf höherer Niveaustufe die vollkommene Integration zurückgewonnen hat. Der Fluß zieht gelassen weiter als der, der er ist, fraglos und selbstverständlich; die Blume, die rot ist, will nicht blau oder gelb sein, sie ist das, was sie von Natur aus ist. Zwar hat sie selbst ebenfalls eine Entwicklung hinter sich, war äußerlich nicht immer so, wie sie jetzt gerade zu sehen ist, genau wie auch der Fluß seinen Werdegang hinter sich hat, aber immer und in jedem Augenblick sind sie das, was sie von Natur aus sind, nicht trotz oder gegen ihre, sondern in und mit ihrer ganzen äußeren Vergänglichkeit. Wir Menschen schaffen uns häufig dadurch unnatürliche, unnötige, künstliche Probleme, weil wir unzufrieden sind mit dem, was und wie wir sind, und dann gegen unsere eigene Natur und Wesenheit anders sein wollen und damit beginnen, andere nachzuahmen, anstatt die eigene Entwicklung zu fördern und die eigene Erscheinung zu Reife und Schönheit zu bringen. Die moderne Welt und ihre Medien verlocken uns sehr und suggerieren uns Bilder, die uns selbst sehr klein und unzulänglich erscheinen lassen. Das ist jedoch eine fatale Täuschung! Wir beginnen, andere in ihrer Andersartigkeit zu imitieren, anstatt die eigene Authentizität aufrechtzuerhalten:
Ein Apfelbaum möchte unbedingt ein Birnbaum sein und beginnt, sich in dieser Richtung anzustrengen.

Versuche Dir das vorzustellen! Vielleicht gelingt Dir eine solche Vorstellung recht gut, weil auch Du ein solcher Apfelbaum bist. – – –

返本還源 九

Selbst wenn Du Dir Buddha oder Jesus zum Vorbild nimmst, Du kannst nie Buddha oder Jesus sein, sondern immer nur Du selbst! Du kannst es nicht, Du brauchst es nicht, und Du sollst es gar nicht! Vorbilder sind wertvoll und wichtig als Anregung, als Impuls, als Orientierung; aber versuche nie zu imitieren! Das ist ein sehr feiner und entscheidender Unterschied! Vergiß nicht: «Was sucht ihr das Reich Gottes irgendwo außen, als wäre es da oder dort zu finden. Das Reich Gottes ist in euch!»[47] Die buddhistischen Schriften zeigen Dir das gleiche: «Die Buddhanatur und ihre Weisheitskräfte sind in Dir, wie in jedem fühlenden Wesen und in jedem Atom.» –

«Ist die Buddhanatur auch in einem Hündchen?» fragte einst ein Schüler seinen Lehrer. Der antwortete kurz: «Wau!» Es wird berichtet, daß daraufhin den Schüler blitzartig die Erleuchtung durchfuhr.

Jetzt, wo Du so weit gekommen bist, gibt es keine Schwierigkeit mehr zwischen der äußeren augenblicklichen, vergänglichen Ichheit, in welcher Du als Apfelbaum, Fluß oder rote Blume erscheinst, und der inneren, eigentlichen Wesenheit, die völlig ichlos, allgemein, kosmisch und unzerstörbar, ewig und kraftvoll alles durchatmet, durchpulst und bewegt, was Du ringsum in Deiner Lebenslandschaft siehst. So ist endlich Frieden mit Dir und der Welt!

In der Welt

Kommentar

Innerhalb meiner Pforten kennen mich tausend Weise nicht. Die Schönheit meines Gartens ist unsichtbar. Wozu nach den Fußspuren der Patriarchen suchen? Ich geh' zum Markt mit meiner Flasche und kehre heim mit meinem Stab. Ich suche den Weinladen und den Marktplatz auf, und wen ich auch ansehe, wird erleuchtet.

Barfuß und mit bloßer Brust mische ich mich
unter die Menschen der Welt.
Meine Kleider sind zerlumpt und staubig,
und ich bin immerzu selig.
Ich brauche keinen Zauber,
um mein Leben zu verlängern.
Nun werden vor meinen Augen die Bäume lebendig.

Dieses zehnte Bild hat besondere Bedeutung. Bild *eins bis acht* waren der Weg von der Welt bis hin zur Transzendenz, aus den Niederungen des Daseins auf die Spitze des höchsten Gebirges, der innere Prozeß eines wirklichen und echten Retreats. Bild neun und besonders dann Bild *zehn* führen zurück in die Welt, zurück in den Alltag. Als Jesus mit dreien seiner Freunde «auf dem Berg» war im Retreat und alle die «Verklärung Jesu» erlebt hatten, diese wundervolle erhobene geistige Verfassung, wollten sie ganz und für immer dort bleiben, dort oben fernab von dem alltäglichen Gezänk, all den alltäglichen Verpflichtungen und konkreten Notwendigkeiten und all den leidenschaftlichen Grobheiten eines gewöhnlichen Lebens. So geht es all den Menschen immer wieder, die auf ähnliche Weise eine oder zwei Wochen lang in einem kleinen Retreat in der Tiroler Einsiedelei verweilt haben. – Ich stelle es immer wieder fest: Nach anstrengendem Aufstieg, Reinigung und persönlicher Freiwerdung ist ein gewisser erhabener, offener, entkrampfter und freier Zustand erreicht, der eine so wohltuende Weite und Lichtheit gewonnen hat, daß man nur ungern wieder zurück ins Tal möchte, auf die volle Autobahn und nach Hause in die engen und vielfältig belasteten Verhältnisse. Wieviel stärker müssen dies die Jünger Jesu dort oben «auf dem Berg» im Retreat mit ihm erlebt haben! «Sollten wir nicht drei Hütten bauen…?» fragen sie Jesus. Er aber verweist sie eindeutig zurück und macht ihnen klar, daß unten im ganz normalen Alltag Platz und Aufgabe, Weg und Erfüllung sind.

Oben und Unten sind, wenn man wirklich verstanden hat, keine unvereinbaren Widersprüche, sondern Polarität ein und derselben Wirklichkeit! Beide Pole gehören fruchtbringend zusammen! – Ganz in einem Pol befangen, muß man sich zu Recht für eine gewisse Zeit davon lösen und befreien, um sich dem anderen Pol annähern zu können, aber dann kommt die Zeit der Rückkehr und Integration. Diese Integration ist, was Teilhard de Chardin sehr schön ausdrückt: «Die Liebe zum Himmel und die Treue zur Erde verbinden!»[48] – Der Sauerteig muß in den schweren, zähen Mehlteig eingemengt werden, wenn nahrhaftes Brot werden soll! Der Sauerteig allein ernährt nicht, der Mehlteig für sich ebenfalls nicht.

So kehrt er also auf dem zehnten Bild zurück, ein großer, stattlicher Mann, kraftvoll schreitend, würdevoll und königlich in seiner Haltung und doch voller Einfachheit, *«barfuß und mit bloßer Brust»*. – Kein Aufhebens von seinen inneren Erlebnissen, kein Wort von seiner Er-

leuchtung, keine Missionskampagne, keine Arroganz und Überheblichkeit, sondern selbstverständlich und schlicht. Völlig einfach! Es bleibt nicht aus, daß er eine völlig natürliche Autoritätswirkung hat, eine Ausstrahlung und spontane Auswirkung seines verwirklichten Wesens. Seine wahre Größe kann nicht verborgen und unwirksam bleiben: «*wen ich auch ansehe, wird erleuchtet.*»
Das ist die Wirkung, die von einem wirklichen Mahatma ausgeht, von Menschen also, die das verwirklicht haben, was in jedem von uns als Potential angelegt ist. Wer auch immer mit ihnen in Kontakt und Berührung kommt, erfährt einen zur Erleuchtung lenkenden Impuls. Dies ist die große Chance, wenn man solchen Persönlichkeiten begegnet. Angedeutet mit diesem Satz ist auch, daß der zurückkehrende Meister nun in all den Menschen, die ihm entgegenkommen, deren tiefen Innengrund, deren «Wahre Natur» erkennt, das Erleuchtungspotential in jedem einzelnen, das auf seine Entfaltung wartet. Sein Blick und seine Wahrnehmung bleibt nicht mehr an der Peripherie, dem äußeren Erscheinungsbild der Menschen hängen, wodurch veranlaßt man gewöhnlich dazu neigt, viele Menschen abzulehnen, sie als dumm, böse, abartig, krank oder widerwärtig abzutun, aus der persönlichen Akzeptanz und dem persönlichen Wohlwollen auszustoßen. Sein Blick dringt durch die Schicht hindurch, welche von einer speziellen persönlichen Geschichte mit ihren jeweiligen Umständen geprägt, gezeichnet und vielleicht tatsächlich verzeichnet und entstellt worden ist, und erkennt hinter den müden, kranken, kalten oder gar «toten» Augen das LEBEN, die Göttliche Qualität, die Wahre Natur.
Dies ist der zentrale Punkt, der Ausgangspunkt von Buddha und Jesus gleichermaßen, an den sich all die einzelnen Bemühungen, Aktivitäten und Belehrungen koppeln: «Die Buddhanatur ist in *jedem* Lebewesen; das Erleuchtungspotential ist seine Essenz», und «das Reich Gottes ist in euch!» – Alle Belehrungen zielen auf nichts anderes als darauf, diese innere Wirklichkeit zur Entfaltung zu bringen. «Wacht auf!» heißt es dringlich mahnend im Neuen Testament immer wieder, und vom «Großen Erwachen» ist in der Lehre des Buddha die Rede. Es ist unverständlich, warum in den Kirchen von dieser zentra-

len «Frohen Botschaft» immer noch fast nie die Rede ist, diese einfach ausgeblendet wird, so daß die biblische Weisheit zu einer ermüdenden, eher lebenseinschränkenden, lebensvergrämenden als lebensentfaltenden Morallehre austrocknet, und warum auch bei manchen Buddhisten eine gewisse Blutleere vorherrscht, wenn die großartigen Belehrungen über die Befreiung von Anhaftung und Hindernissen dargelegt werden, deren Verwirklichung letztlich doch nicht zur arteriosklerotischen Verhinderung des Lebenspulses führen soll, sondern zu seiner Befreiung und vollen Entfaltungsmöglichkeit. Nirwana[49] als nihilistische Auslöschung, letztlich als geistige und psychische Ausblutung oder Austrocknung zu verstehen, ist ebenso eine Entartung der Interpretation wie die jahrhundertelange Diffamierung und Negierung des Körperlich-Sinnlichen und Emotionalen durch die abendländische Kirche!

Die «Frohe Botschaft» aber ist, daß LEBEN gedeiht und aufblüht und zur vollen Erleuchtung kommt!

Voll gütigen Verstehens, voller Mitgefühl und Erbarmen ruht der Blick des so Zurückkehrenden auf den Menschen, die ihm begegnen.

«Wen ich auch ansehe, wird erleuchtet.»

*

«Ich brauche keinen Zauber, um mein Leben zu verlängern.»

Ganze Heerscharen von Yogis versuchten in früheren Zeiten in sehr vordergründig-konkretem Sinne, ihre augenblickliche Existenz zu verlängern. Sie lebten rein und keusch, asketisch und fromm, übten und übten und kamen auf die verrücktesten Formen, Methoden und Praktiken. Auch Buddhas anfängliches Motiv, das Luxusleben am väterlichen Fürstenhof zu verlassen, auf asketische Wanderschaft zu gehen, sich strengsten Lebensregeln zu unterwerfen, bis er gemerkt hatte, daß wenn «der Körper austrocknet, auch der Geist austrocknet», mag das Erschrecken darüber gewesen sein, daß ihm plötzlich bewußt geworden ist, daß Altern, Krankheit und Sterben unvermeidlich alles zerstören, was man bislang für fraglos ewig und einzig gehalten hat. Jetzt jedoch, vom Berg der Erkenntnis zurückkehrend, einsichtig, wissend, die «Wahre Natur» erhellt habend, gibt es keine Veranlassung mehr, sich an irgend etwas oder an die augenblickliche Existenz zu klammern. Man kann, frei von jeder Angst, das Hier und Jetzt, den Augenblick in seiner Einmaligkeit, Schönheit und Fülle genießen, ohne diesen vielfältigen Tanz des Lebens künstlich verlängern zu wollen.

«*Die Schönheit meines Gartens ist unsichtbar*», heißt es im Kommentar, was darauf hinweist, daß die Qualität des Erlebens, Himmel oder Hölle, gänzlich von der Qualität der eigenen Geistesverfassung abhängt. Je weniger entfaltet und gefestigt die Qualitäten und Dimensionen des eigenen Geistes sind, desto abhängiger ist das Erleben von Wohl oder Wehe der äußeren Umstände und Verhältnisse, ob sie jeweils günstig oder ungünstig sind.

Selbstverständlich wird auch der vom Berg Zurückkehrende im körperlichen und seelischen Bereich die Schwingungen von Schmerz und Trauer, Lust und angenehmer Erregung spüren und unterscheiden, aber es ist umfassend eine geistige Kraft und Qualität vorhanden, welche wie von einer erhabenen Warte aus das ganze Auf und Ab, Wohl und Wehe anschwellen und wieder verebben sieht und die Gesamtverfassung nicht aus dem Lot geraten und den Geist nicht die Fassung verlieren läßt. Der Mensch verliert nicht seine Verankerung und bleibt an und in nichts hängen. Es gibt keine «Verhaftung» mehr!

Also kein Grund, den Alltag, hier symbolisch mit «Marktplatz» bezeichnet, zu meiden! Im Gegenteil: «*Ich suche den Weinladen und den Marktplatz auf...*» Er hat die volle Freiheit und Souveränität erreicht. Solange man z.B. aus prinzipiellen, verabsolutierten und automatisierten moralischen inneren Gründen unter keinen Umständen ein Glas Wein anrühren darf und kann, bleibt man nach wie vor ähnlich unfrei und unsouverän wie derjenige, der sich selbst kein klares Nein setzen kann und trinken *muß*, weil ihm der nötige eigene Entscheidungsspielraum fehlt. Das hatte auch Buddha zunächst in den ersten sechs extrem asketischen Jahren noch nicht erfaßt, und als er endlich «den Mittleren Pfad» für sich gefunden hatte, mißtrauten ihm viele seiner ehemaligen Begleiter und beschimpften ihn, genau wie auch die orthodoxen Juden und subalternen Pharisäer Jesus als «Säufer» und gewöhnlichen Lebemenschen diffamierten, weil eine gesunde Lebensfreude von ihm und seinen Freunden ausging. Daß beides in Harmonie und sogar in gegenseitiger Steigerung möglich ist, Verzicht, Einfachheit, Bedürfnislosigkeit und Askese einerseits und dankbares, freudiges Genießen der kleinen alltäglichen Dinge andererseits, ist nur wenigen begreifbar. Es ist nur denen begreifbar, die sich den obenerwähnten «eigenen Entscheidungsspielraum», der Freiheit und Verantwortung zugleich ist, in genügendem Maße erarbeitet haben. Wie Jesus seinerseits immer wieder die sklavische und geistlose Buchstabentreue und äußere Formalität und Heuchelei seiner dogmatisierenden Kritiker anprangerte, hat Buddha nach seinen extrem asketischen Irrwegen eben auch u.a. das bereits zitierte Wort geprägt, «daß der Geist austrocknet, wenn der Körper austrocknet». Auch die psychologische Geschichte der Menschheit wiederholt sich offensichtlich zu allen Zeiten und in allen scheinbar noch so divergierenden Kulturbereichen!

Wenn man den diesbezüglichen Zusammenhang versteht, könnte man vielleicht für sich selbst folgende Grundformel geltend machen: Verantwortliche Freiheit und Souveränität besteht darin, prinzipiell *«alles* tun zu *können* und zugleich nicht tun zu *müssen»*. Hieraus ergibt sich der nötige Spielraum, um in Freiheit verantwortlich und sittlich alles Unheilsame zu vermeiden und alles Heilsame zuzulassen. Das Wort «alles tun können und nichts tun müssen» meint also die innere Fähigkeit und Mobilität des persönlichen Gewissens, eine jeweilige Situation adäquat beurteilen und entsprechend zu einer sinnvollen Entscheidung und Handlung kommen zu können. Es handelt sich hierbei um die Souveränität des persönlichen Gewissens, welches natürlich eine gewisse Entfaltung und Reifung der gesamten geistigen Persönlichkeit voraussetzt.

«Wozu nach den Fußspuren der Patriarchen suchen?»

Von diesem völlig neuen Standpunkt aus, wo Oben und Unten, Diesseits und Transzendenz, Himmel und Erde, Körper und Geist, Nirwana[49] und Samsara[50] durch den beschränkten Verstand nicht mehr auseinanderdividiert und gespalten werden, jeglicher Dualismus nicht nur in der geistigen Theorie aufgehoben ist, ist selbst das Suchen «nach den Fußspuren der Patriarchen», das Ausschauhalten nach den Formen der Lebensbewältigung bei anderen, selbst wenn es sich um die Formen der Großen Meister handelt, nicht mehr nötig.

Man hat das Gesetz des LEBENS tatsächlich in sich selbst gefunden und läßt sich fürderhin von seiner Weisheit leiten. Dies ist, was Karlfried Graf Dürckheim immer gemeint hat, wenn er dazu aufmunterte, den eigenen Meister, «den Meister in sich selbst» zu finden. Es ist Dharma, das Grundgesetz des LEBENS!

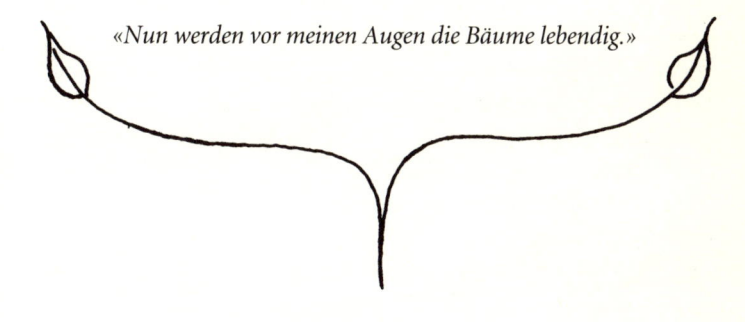

«Nun werden vor meinen Augen die Bäume lebendig.»

*In dankbarer Verehrung
verneige ich mich
vor meinen Lehrern und Meistern!*

Anmerkungen

¹ Vgl. NT, Mk 6,45-52; 4,35-41; Mt 14,22-27.
² «Dharma» ist ein zentraler buddhistischer Begriff, der in knappster Form die «allesumfassende und allesdurchdringende Wirklichkeit» in ihrer eigenen Gesetzmäßigkeit und schöpferischen Weisheit benennt. Vom Dharma wird fast ständig gesprochen, weil alle Realität Teil und Ausdruck dieses Dharma ist. Je nachdem, auf welcher Ebene diese Realität ins Auge gefaßt wird, übersetzt man mit «Weltordnung», «Weisheitsgesetz des Lebens», «der große Zusammenhang», «Gesetz» oder mit «Lehre» (einzelne Aussagen wie das gesamte Lehrsystem des historischen Buddah Shakyamuni). Auch persönliches Verhalten, Übungsmethoden, eine spezifische spirituelle Praxis und Lebensweise werden als Dharma bezeichnet, wenn sie ganz aus dem «Großen Zusammenhang» heraus und auf ihn zurückgerichtet gestaltet werden, wenn also das Verhalten in diesem Sinne «dharmaorientiert» ist.
Die zentrale der drei Ausrufungen bei der «Zufluchtnahme» (eine Form persönlichen Bekenntnisses zu Buddha, Dharma und Glaubensgemeinschaft) heißt: dhammam saranam gacchami – «ich nehme Zuflucht zur Lehre». Es artikuliert die Bereitschaft, den Wunsch und das Bekenntnis, sich persönlich mit allen zukünftigen Denk- und Handlungsweisen ganz auf die äußere und innere göttliche Weltordnung auszurichten und alle eigensinnigen, eigenläufigen und egozentrischen Tendenzen aufzulösen. Dies entspricht, recht besehen, genau auch der christlichen Moraltheologie, welche mit anderen, weniger wohlklingenden, weil negativ formulierten Worten von «Sünde» spricht und diese wesensgemäß definiert als «Abspaltung», «Eigenläufigkeit» und «Herausfallen aus der Göttlichen Ordnung».
³ Karlfried Graf Dürckheim: «Erlebnis und Wandlung», O. W. Barth-Verlag 1978.
⁴ «Drei Fahrzeuge»: Der Buddhismus präsentiert sich heute wie alle Hochreligionen in einer Fülle verschiedener Schulrichtungen. Dies hat verschiedene Gründe: Der Buddhismus hat sich im Laufe seiner zweieinhalbtausendjährigen Geschichte in viele verschiedene Kulturberei-

che hinein ausgedehnt und durch den Kontakt und die Auseinandersetzung mit der jeweils angetroffenen Kulturform ganz bestimmte Aspekte der Lehre des Buddha auf besondere Weise entfaltet. Der Buddha selbst hat, je nachdem, welche Art Menschen er vor sich hatte, auf sehr verschiedene Weise und auf verschiedenen Verständnisebenen seine Belehrungen gegeben, von handfest-konkreten Anweisungen zur alltäglichen Lebensbewältigung über geistig-abstrakte und tiefsinnige Darlegungen existentiell relevanter Angelegenheiten bis hin zu sogenannten «geheimen Belehrungen», die nur deshalb so bezeichnet worden sind, weil sie nur wirklich fortgeschrittenen und erfahrenen und zugleich geistig allerhöchst befähigten Menschen vorbehalten waren, um keine unnötige Verwirrung zu stiften. Der dritte Grund liegt in der natürlichen Weiterentwicklung eines jeden lebendigen geistigen Stromes, was in verschiedenen Ländern und zu verschiedenen Zeiten auch zu unterschiedlichen Ergebnissen geführt hat. Dies alles konnte geschehen, ohne daß die Lehre des Buddha unverantwortlich entfremdet worden wäre, weil die Lehre selbst von Anfang an so offen, weit und dennoch klar und eindeutig war, daß sie, ohne ihren wesentlichen Gehalt zu verlieren, sich weiter entfalten und ausreifen konnte. Der hierfür entscheidende Punkt ist, daß der Buddha selbst jegliche verengende und fixierende Dogmatik abgelehnt und jeglichen Wahrheitsgehalt immer wieder auf «untrügliche eigene Erfahrung» gegründet hat und dies so auch für alle Zeiten vorausgab. So existieren heute in der Welt Hunderte verschiedener Schulrichtungen problemlos nebeneinander, und nur wenige weisen eine gewisse allgemeinmenschliche dogmatisch-traditionsorthodoxe Neigung auf, sich selbst als die «reine Lehre» auszugeben.

All die hundertfältigen Einzelströmungen und Schulrichtungen können grundsätzlich auf drei Ebenen verstanden werden, wobei keine bedeutungsloser als die andere ist, sondern jede mit ihrem spezifischen Charakter Menschen einer bestimmten Entwicklungsstufe anspricht und so für sie wertvoll und wichtig ist. Man spricht von den *«Drei Fahrzeugen»: Hinayana, Mahayana, Vajrayana.* Hierüber gibt es indessen genügend Literatur. Als Bild sei hier nur äußerst kurz angedeutet:

Hinayana («Das kleine Fahrzeug»), meist als Theravada-Buddhismus bezeichnet, entwickelt große asketische Disziplin, «reißt Unkraut aus», bekämpft alles Schädigende und trachtet danach, den eigenen Garten zu pflegen, um ihn zur Vollendung zu bringen.

Mahayana («Das große Fahrzeug») geht darüber hinaus, indem er die Welt als Ganzes zu einem blühenden Garten machen will. Er kämpft weniger gegen die negativen Einflüsse, sondern setzt seine Kräfte daran, immer wieder guten Samen auszusäen und voll Mitgefühl allüberall Leben zu hegen und zu pflegen.

Vajrayana («Das diamantene Fahrzeug») ist der direkteste, aber auch steilste Weg und deshalb nicht für jedermann benutzbar. Es ist der Weg, auf dem unmittelbar mit Energie, mit kosmischer Energie, gearbeitet wird, tiefenpsychologisch wirksam, ja sogar darüber hinaus. Es ist ein Weg, der ohne Hinayana- und Mahayanavorbereitung schadlos nicht gegangen werden kann!

Die «Drei Fahrzeuge» untereinander sind völlig miteinander verwoben, sind nicht drei, sondern im Grunde eins, stellen zusammen die ganze Lehre des Buddha auf verschiedenen Entwicklungs- und Verständnisebenen dar. Das Bild einer Pyramide veranschaulicht dies: Die breite Basis der Lehre ist das, was der Hinayana repräsentiert, die Spitze und Basis verbindende Mitte sind die Wesenszüge des Mahayana, und die sich verjüngende Spitze strebt direkt in die Tiefe des Universums.

5 Die Wichtigkeit dieses Austausches ist sehr überzeugend dargestellt in dem Buch: Dalai Lama/Eugen Drewermann, Der Weg des Herzens. Gewaltlosigkeit und Dialog zwischen den Religionen, Walter-Verlag 1992.

6 «*Geistiger* YOGA»: Das Wort YOGA ruft bei vielen Menschen heutzutage Vorstellungen hervor, die sich nur sehr wenig mit der wirklichen und eigentlichen Bedeutung decken. Überall, bis hin zu inzwischen krankenkassenbegünstigten Gymnastik- und Entspannungskursen, wird «Yoga» angeboten. Das Angebot selber ist zweifelsohne wertvoll, nur dessen Bezeichnung als «Yoga» ist schlicht verwirrend und täuschend.

YOGA im ursprünglichen und eigentlichen Sinn umfaßt ein weites Feld geistiger und körperlicher Praxis und Übung, wodurch der Mensch die in ihm angelegte, nicht nur menschliche, sondern letztlich göttliche Realität zur Vollendung und damit zur Erfüllung bringt. Der Mensch hat einen Körper, dessen Gesundheit, Vitalität und Beweglichkeit sicherlich von grundlegender Bedeutung sind, insofern ist auch das körperliche Training (Hatha-Yoga) wichtig. Von weiterführender Bedeutung jedoch ist die Entfaltung des Bewußtseins und der daraus hervorgehenden geistigen Kräfte und Qualitäten, die das menschliche Antlitz ausmachen. Selbst darüber hinaus, mitten aus dem menschlichen «Herzen», aus dem innersten Kern seines Wesens, wird eine Dimension von Wirklichkeit entfaltet, die der Mensch als göttliche Offenbarung erlebt, als Erfüllung seines vorherigen Entwicklungsprozesses, der lange genug von Dunkelheit, Verirrung und Verwirrung, von Schmerz und Enttäuschung geprägt war. Dieses Offenbarwerden der im Menschen angelegten göttlichen Dimension, die dann als Ursache und Ziel dieser Existenz zugleich erfahren wird, ist die «Wiederverbindung» des kleinen Ich mit dem unendlichen göttlichen oder absoluten SEIN entsprechend dem uns bekannten Wort religio (religare: zurück- oder wieder an-binden). Diese Verwobenheit aller Teile in und mit dem Ganzen besteht de facto immer. (Vgl. auch Jesu Wort im NT: «Das Reich GOTTES ist *in* euch!»)

Der Entwicklungsprozeß, der durch YOGA systematisch gefördert, intensiviert, beschleunigt wird, vollzieht sich in unserem Geist, ist also der Entwicklungsprozeß unseres Bewußtseins, der zum «Großen Erwachen» führt, wie es Buddhisten ausdrücken. YOGA ist wesentlich also die Unterstützung und Intensivierung eines geistigen Prozesses und keine «östliche Rückengymnastik». Um das weitverbreitete Mißverständnis über YOGA zu vermeiden, wurde der Ausdruck «Geistiger YOGA» verwandt, obwohl im Grunde der Begriff YOGA für sich bereits vollständig ist.

YOGA bezeichnet einerseits das Ziel, nämlich zur vollen Erkenntnis und Verwirklichung der absoluten Wahrheit und Wirklichkeit zu gelangen, meint andererseits zugleich den Übungs- und Trainingsweg, die praktische Methode und Disziplin, um dorthin zu gelangen. YOGA gehört wesensgemäß nicht irgendeiner speziellen Kultur und religiösen Konfession ausschließlich an, auch wenn die Grunddefinition von YOGA auf die Yoga-Sutren des Patanjali zurückbezogen werden. Im Hinduismus, Buddhismus und Taoismus, bei den Jainas und Sufis gibt es Übungs-, Selbsterziehungs- und Trainingsmethoden, die von Menschen praktisch angewendet werden, um die gesamte Persönlichkeit wirklich voranzuentwickeln und nicht nur auf der Ebene theoretischer philosophisch-theologischer Ansichten und Glaubensmeinungen hängenzubleiben. Auch im Bereich der christlichen Klosterkultur des Altertums und Mittelalters, bei Einsiedlern und Mystikern hat es eine Praxis und Methoden gegeben, die den östlichen Übungspraktiken teilweise sehr nahe kommen oder sogar gleichen, so daß sie vom Wesen her als Yogapraktiken bezeichnet werden können. YOGA ist insofern keinesfalls die Eigenart irgendeiner bestimmten Religion, wiewohl natürlich der YOGA jeder Konfession eine eigene spezifische Färbung der Methode und Intention (zumindest im äußeren Erscheinungsbild) annimmt.

[7] Im Buddhismus, so wie auch im hinduistischen YOGA, spricht man von «Sechs Sinnes- oder Wahrnehmungsorganen». Als sechstes Wahrnehmungsorgan wird das «Geistorgan» genannt. Der Geist selbst hat eine eigene Wahrnehmungsfähigkeit; Geistiges vermittelt sich dem

Geist unmittelbar. Dies macht viele uns wundersam vorkommende Informationsvermittlungen wie z.B. Hellsehen und was wir mit Intuition, prophetischer Begabung oder als «Sechster Sinn» bezeichnen, verständlich. Dieses sechste, völlig natürliche Organ kann ebenso wie die Seh- und Hörfähigkeit entwickelt und regelrecht trainiert werden.

[8] Vergleiche im NT den Prolog des Johannesevangeliums 1,1–5 und 1,14: «... und das Wort ist Fleisch geworden... und das Licht leuchtet mitten unter uns in der Finsternis, aber die Finsternis hat es nicht erfaßt...» Göttliche Idee und Absicht, Kraft und Weisheit verwirklicht sich in und durch die Schöpfung, in, mit und durch die blinde Materie hindurch, nicht *einmal*, sondern ständig; aber «die Finsternis», die Blindheit des noch nicht völlig erwachten Geistes des Menschen erfaßt es nicht, begreift nicht, was geschieht, nimmt nicht wahr, «was wirklich ist», wie die ZEN-Meister sagen. Die Geburt des «Sohnes Gottes», was also aus Gott, der transzendenten Dimension von SEIN, geboren wird, ist nicht einmaliger Schöpfungsakt, als numerisch einzig, ein-malig zu verstehen (siehe Joh 1,14), sondern im Sinne von «einzigartig», großartig-einmalig. Hier ist eine der markanten tragischen Folgen von oft winzig klein erscheinenden Fehlübersetzungen bzw. Fehlinterpretationen von Worten, die in einer anderen Sprache mehrere Bedeutungen haben. Auch bei uns kennt man den Ausdruck «das ist eine einmalige Sache», wobei man nicht meint, daß sie nicht nochmals in Erscheinung tritt, sondern daß sie großartig, bewundernswert ist. Die Geburt des «Sohnes Gottes», die Geburt von Schöpfung, Diesseits, Leben, war also kein einmaliger Schöpfungsakt, der nur Jesus Christus beträfe, sondern genauso alle anderen Lebewesen und Menschen! Wie anders sollte Jesu immer wiederkehrende beschwörende Erinnerung zu verstehen sein: «Ihr seid alle ‹Kinder Gottes› und alle meine ‹Brüder und Schwestern›»? – «Das Reich Gottes (das Erbe, das Samenpotential Gottes) ist in euch...» An dieser Stelle hat das jahrhundertelange Fehlinterpretieren und blinde Übersehen ihren tragischen Grund gezeugt, warum die großartige «Frohe Botschaft» für die Christen nicht wirklich zu einer hoffnungsvollen, befreienden und beglückenden Perspektive geworden ist, sondern weitgehend zu einer moralisierenden und schlechtes Gewissen erzeugenden Belastung entartet ist. Wie sollte man auch realiter «Nachfolge Christi» verwirklichen können, wenn er allein nur «Gottes Sohn», Erbe des Himmels, und wir Menschen de natura nur Sünder und im Jammertal der Erde vegetierende, ständig vom Teufel abhängige Wesen sind?

[9] Siehe hierzu einen wichtigen Beitrag von Christa Meves «Die ruinierte Generation», Herder-Verlag Taschenbuch-Reihe Nr. 910, 1982.

[10] Die Lotusblüte ist im Buddhismus eines der wesentlichen Symbole. S*ie* ist es in der Natur, die, tief unten im Schlamm der Erde wurzelnd, aus dieser Dunkelheit, die zugleich Halt und Nährboden ist, aufsteigt durch den Bereich des Wassers und sich endlich darüber hinaus erhebt und ihre Blüte ganz dem Licht der Sonne, der kosmischen Energie entgegnen, öffnet. So wird sie zum lebendigen Gleichnis für die Entwicklung des Menschen und zum Symbol für seinen Prozeß des Erwachens. Zugleich ist sie bildhafte Verdeutlichung für «Reinheit» und «Weisheit». Materie, Körper, Erdhaftigkeit und Sinnlichkeit, Emotion und Geist oder, anders ausgedrückt, die Entwicklungsebenen von Materie, Pflanzen, Tieren und Mensch werden nicht dualistisch getrennt gesehen von göttlicher Verwirklichung, werden nicht diffamiert und negiert, sondern in einem kontinuierlichen Wachstums- und Läuterungsprozeß mehr und mehr veredelt und zur höchsten Blüte gebracht «Reinheit» bedeutet, daß der Geist durch Materie, tierische und menschliche Belange und Prozesse nicht getrübt und blockiert, nicht befleckt und in seinem göttlichen Anliegen beeinträchtigt wird, sondern offen und transparent bleibt für die durch alle Schöpfungsprozesse hindurch wirksame «Weisheit».

[11] Vergleiche NT, 22,14: «Viele sind gerufen und wenige auserwählt.»

[12] Mt 25,1–13; 4,17; Joh 12,36; Lk 17,20–21.

[13] Selbst die letzten und meist schwerfälligsten Glieder einer Einsichts- und Vernunftkette, die Politiker, scheinen sich endlich zu bequemen, praktische Erwägungen, Entscheidungen und Handlungen z. B. gegen die verheerende Ozonlochentwicklung, die Vernichtung des Tropenwaldes und die Verseuchung der Welt mit Atom- und anderen Vernichtungspotentialen in Gang zu setzen.

[14] Siehe hierzu: Florian Sartorio, Die entgleiste Menschheit. Ausweg aus dem Irrweg, Walter-Verlag 1992.

[15] Aus den Lehrreden des Buddha (Pali-Kanon):
«Zwei unheilvolle Anhaftungen gibt es, ihr Mönche. Welche zwei?
Da gerät ein Mensch häufig in Wut und Ärger, und seine Gedanken und Handlungen bleiben lange Zeit von diesem unheilvollen Zustand bestimmt.
Da gerät ein Mensch häufig in Gier und Leidenschaft, und seine Gedanken und Handlungen bleiben lange Zeit von diesem unheilvollen Zustand bestimmt.
Diese beiden unheilvollen Anhaftungen gibt es, ihr Mönche.
Darum trachtet danach, ihr Mönche, von diesen unheilvollen Verhaftungen befreit zu werden, damit die Gedanken und Handlungen euch selbst und anderen nicht zum Schaden gereichen!»

¹⁶ «Hara», ein japanischer Begriff für «Bauch», ist nicht nur im biologisch-medizinischen Sinne zu verstehen. Hara, von Karlfried Graf Dürckheim als «die Erdmitte des Menschen» bezeichnet, meint zugleich auch eine erdverbundene Integration und Seinsweise von «Leib und Seele», Körper und Gemüt. Der griechische Begriff «thymos» umschließt mit seinen Aspekten Kraft, Mut, Tapferkeit, Tugend, Festigkeit, Grundlage in etwa das, was die Japaner mit Hara als Bauch, Mitte, Schwerpunkt und Verwurzelung bezeichnen. Es ist der Ort, wo der Mensch, zwischen Himmel und Erde eingespannt, seine Kräfte zentriert hält, wenn er nicht aus dem Gleichgewicht fallen will. Eine Voraussetzung im YOGA und ZEN ist es, im «Bauch» (Hara) zentriert zu sein, nicht aus der eigenen Mitte herauszufallen. Der westliche Mensch dagegen ist so sehr im Kopf zentriert, ist so sehr verkopft, wie man kritisierend sagt, daß er inmitten der Vielfältigkeiten, Widersprüche und Turbulenzen des Lebens zu leicht das Gleichgewicht und die Haltung verliert, gestreßt ist und von Schwierigkeiten überwältigt wird, weil er im eigenen Erdbereich zu schwach verwurzelt ist, dort zu wenig Basis hat.

¹⁷ «Regressive Tendenz» ist eine latente rückwärtsgerichtete Neigung, zurück in den Mutterschoß, zumindest jedoch zurück in eine verantwortungsfreie, selbstbehütete Kindlichkeit. Es ist fehlende Kraft und Bereitschaft, sich nach vorne ins Leben, in die Welt hinein zu entfalten, weil die vielfältigen Berührungen, Beziehungen, Auseinandersetzungen gefürchtet und gemieden werden. Vielfältige Gründe können die Ursache sein:
Angst vor schmerzhaften Berührungen,
Angst vor Verantwortung und den oft unabsehbaren Konsequenzen eigener Entscheidungen,
Bequemlichkeit und Schwerfälligkeit,
Verhaftetsein in kindlichen Traumillusionen,
narzißtische Neigungen...

¹⁸ «Krise» – griechisch: Höhepunkt, Eskalation, Wendepunkt. Krisen sind natürliche Situationen in jedem Entwicklungs- und Wachstumsprozeß, also im Leben. Der moderne Sprachgebrauch hat die Bedeutung dieses Wortes nur auf seinen negativ empfundenen Aspekt reduziert. Immer wenn etwas bislang Gültiges und Tragendes fragwürdig und brüchig wird, zu Ende kommen und sich auflösen will, um einen Neuanfang auf reiferem Niveau zu ermöglichen – Geburt –, empfindet der Mensch Schmerz und versucht meist mit Gewalt, das Alte und Gewohnte aufrechtzuerhalten. Gerade dadurch steigern sich Schmerz und Krampf und führen u. U. zu unheilvoller Gefangenschaft, zu blin-

den Aktionen und Kämpfen und gelegentlich hilflosen Ausbruchsversuchen, bei deren Mißlingen tiefe Depressionszustände folgen.
[19] Mutig vorwärts gehen, ohne zurückzuschauen.
Vgl. im AT, Genesis 19,17–26 «Gehe vorwärts und schaue nicht zurück; es geht um dein Leben…!»
Im NT, Lk 9,62 «Keiner, der die *Hand an den Pflug gelegt hat und nochmals zurückschaut, taugt für das Reich Gottes.*»
Siehe auch die griechische Sage «Orpheus und Eurydike».
[20] Auch im Neuen Testament ermahnt Jesus an besonders bedeutsamen Stellen sehr eindringlich: «Wer Ohren hat zu hören, der höre; wer Augen hat zu sehen, der sehe!» Also, höre doch wirklich genau hin und schaue nicht nur so oberflächlich und flüchtig hin! Vieles sieht und hört man gewöhnlich, ohne es bewußt genug wahrzunehmen, wirklich zu erkennen und zu verstehen. Erst wenn der Geist erwacht ist, äußerst aufmerksam und voll konzentrierter Kraft, wird hinter einem vordergründigen Schein wirklich wahr-genommen. Vergleiche Mt 13,9; 13, 11–16.
[21] Siehe NT, Joh 4,1–16.
[22] Friedrich von Schiller: «*Einfachheit* ist das Resultat von Reife». Gottfried Keller: «Alles Große und Edle ist *einfacher* Art.»
[23] Gewiß ist nicht alles, was landauf, landab als «Meditation» angeboten wird, im klassischen Sinne wirklich Meditation. Andererseits gibt es jedoch verschiedene Prägungen und Formen, die allesamt aber gemeinsame Grundaspekte haben:
1. *Loslösung* vom Alltag und dem äußeren Umfeld und Geschehen.
2. *Sammlung und Konzentration* auf die unmittelbare Gegenwart: hier und jetzt.
3. Äußere und dann vor allem innere, emotionale und geistige *Ruhe*.
4. *Klarheit und Helligkeit* des Geistes; reine Wahrnehmung statt Denken.
5. *Offenheit und Weite*, Raum.
[24] Im *tantrischen Buddhismus* (Vajrayana) spricht man von der «Buddhanatur», welche mit ihren fünf Weisheitskräften die innere «Wahre Natur» aller Lebewesen ist. Diesen fünf Weisheitskräften entsprechen fünf Gruppen von Wesen, die sogenannten «Buddhafamilien». Obwohl jeder Mensch ungetrennt Anteil an allen fünf Aspekten der Buddhanatur hat, ist doch einer in besonderem Maße ihm wesensgemäß. Auf psychologischer Ebene würde man diesbezüglich von einer Art Typologie sprechen. Im tantrischen Sinne mag vielleicht ein guter Lehrer feststellen, daß jemand aufgrund seiner speziellen Wesenszüge und schicksalhaften Verflochtenheit zu der einen oder ande-

ren Buddhafamilie gehört und innerhalb dieses entsprechenden Mandalas von den niederen oder gar neurotischen Ebenen zu den höheren aufsteigen kann, um den zu diesem Mandala gehörenden zentralen Buddha und seine Weisheitsnatur letztendlich zu verwirklichen. Die fünf verschiedenen Weisheitskräfte sind:
die «spiegelgleiche Weisheit» mit Aksobya,
die «wesensgleiche Weisheit» mit Ratnasambhava,
die «unterscheidende Weisheit» mit Amitabha,
die «furchtüberwindende und alles vollendende Weisheit» mit Amoghasiddhi,
die «universale und transzendente Weisheit» mit Vairocana.

25 Aus der «Rede an die Kalamer»:
Zur Seite sitzend, sprachen nun die Kalamer aus Kesaputta zum Erhabenen also: «Es kommen da, o Herr, einige Asketen und Brahmanen nach Kesaputta; die lassen bloß ihren eigenen Glauben leuchten und glänzen, den Glauben anderer aber beschimpfen, schmähen, verachten und verwerfen sie. Wieder andere Asketen und Brahmanen kommen ebenfalls nach Kesaputta, und auch diese lassen bloß ihren eigenen Glauben leuchten und glänzen, und den Glauben anderer beschimpfen, schmähen, verachten und verwerfen sie. Da sind wir denn, o Herr, im unklaren, sind im Zweifel, wer wohl von diesen Asketen und Brahmanen Wahres und wer Falsches lehrt.» –
«Recht habt ihr, Kalamer, daß ihr da im unklaren seid und Zweifel hegt. In einer Sache, bei der man wirklich im unklaren sein kann, ist euch Zweifel aufgestiegen.
Geht, Kalamer, nicht nach Hörensagen, nicht nach Überlieferungen, nicht nach Tagesmeinungen, nicht nach der Autorität irgendwelcher heiliger Schriften, nicht nach bloßen Vernunftgründen und logischen Schlüssen, nicht nach erdachten Theorien und bevorzugten Meinungen, nicht nach dem Eindruck persönlicher Vorzüge, nicht nach der Autorität und dem Absolutheitsanspruch irgendeines Meisters!
Wenn ihr aber, Kalamer, selbst erkennt: ‹Diese Dinge sind unheilsam, sind verwerflich, werden von Verständigen getadelt, und, wenn ausgeführt und unternommen, führen sie zu Unheil und Leiden›, dann, o Kalamer, möget ihr sie aufgeben...»

26 Es sei erinnert an Platos «Höhlengleichnis», mit welchem er beschreibt, wie Lebewesen ewig nur in einer lichtlosen Höhle gelebt haben, den Weg hinaus aus dieser Dunkelheit und Gefangenheit suchen und dann endlich einen Lichtschimmer oben entdecken, eine Öffnung, durch die sie den Ausweg zum Tageslicht und in die Freiheit finden könnten. Dann aber geraten sie in Furcht und Zweifel; das

Licht wird ihnen zu einer bedrohlichen Dimension, weil es zu neu, zu fremd, zu gewaltig und blendend erscheint, und sie ziehen sich wieder zurück ins Innere und Dunkle der Höhle, ähnlich wie Maulwürfe und Würmer. So sei es häufig mit Menschen auf dem Weg ihrer geistigen und persönlichen Entwicklung.

[27] Walter-Verlag 1991, Autor: Pema-Dorje.

[28] «Anthropozentrik» (anthropos, griech. der Mensch) ist die kollektive Egozentrik der Menschheit, welche sich als Gattung völlig herausstellt aus dem ökologischen Zusammenhang mit aller übrigen Natur, sich selbst als herausragendes und einziges Zentrum, obersten Wert und einziges kosmisches Ziel sehend, auf das die gesamte Schöpfung mit ihren Prozessen, Elementen, Pflanzen und Tieren nur dienend zugeordnet wird.

Die anthropozentrische Grundhaltung des Menschen hat dazu geführt, daß die Erde und Natur nicht königlich-weise verwaltet, gehegt und gepflegt, sondern schlechthin rücksichtslos ausgebeutet worden sind und noch immer werden und eine anmaßende, an Wahn grenzende Eigenmächtigkeit und Selbstüberschätzung herrschen, die nicht nur alles, was unterhalb der menschlichen Entwicklung liegt, geringschätzig behandeln, sondern auch alles, was oberhalb existiert, nicht greifbar und in der menschlichen Selbstherrlichkeit nicht begreifbar, einfach ausblenden, negieren und unberücksichtigt lassen. Zwangsläufig führt die Anthropozentrik des Menschen deshalb zur Umwelt- und Naturausbeutung und -zerstörung und gleichzeitig zu einer areligiösen und religionsverachtenden Haltung. Der moderne anthropozentrische Mensch beurteilt das ganze Weltgeschehen in kindlicher Fixierung auf sich selbst nur im Hinblick auf den eigenen Vorteil und vereinnahmt technisch, wissenschaftlich und sogar geistig und moralisch grenzenlos alles, zu dem er sich Zugang verschaffen kann. Dies ist der Kern der Verfassung, welche bereits als Ursünde im Paradies beschrieben worden ist: Der Mensch maßt sich an, einzige und oberste Instanz zu sein. Vgl. hierzu das informative Buch von Florian Sartorio, Die entgleiste Menschheit. Ausweg aus dem Irrweg, Walter-Verlag 1992.

[29] Vgl. AT, Genesis 3,4–7 und 3,14–19.

[30] Die ursprüngliche paradiesische Einheit von Mensch, Natur und Gott ist zerbrochen. Der Mensch ist in Zwiespalt geraten durch seine Ichbezogenheit, von der aus die ganze Welt gespalten zu sein scheint in angenehm und unangenehm, gut und schlecht, letztlich Gott und Teufel. Im Grunde handelt es sich um eine tiefe Schizophrenie. Diese Schizophrenie reicht weit in bestehende philosophische und theologische Sy-

steme hinein und durchdringt deren Dogmatik in einer Weise, daß es nicht verwunderlich ist, daß im Namen der großen Religionen so viel Kriege, Barbarei, Naturzerstörung, physische und psychische Vernichtung und geistige Versklavung inszeniert und legitimiert worden sind! Von dieser abgründigen Krankheit geheilt zu sein, würde bedeuten, die Wirklichkeit erkennen, wie sie in ihrer Ganzheit wirklich ist – *Erleuchtung!*

[31] Provokation (provocare, lat. hervorrufen): Gerade die Dinge und Geschehnisse, die uns attackieren, ärgern und provozieren, sind die Herausforderung an uns, neue Antworten, Qualitäten und Fähigkeiten zu entwickeln, die bislang noch nicht hervorgebracht – weil noch nicht eingefordert – worden sind. Das beste also ist, die Provokation im Großen wie im Kleinen als Herausforderung an sich selbst positiv zu verstehen und anzunehmen.

[32] Luzifer – Lichtträger: Luzifer war ehemals ein göttlich-himmlisches Lichtwesen, ein Engel. Er war in besonderer Weise mit geistiger Helligkeit und Klarheit begnadet, im menschlichen Bild ausgedrückt einer der intelligentesten Engel. Der Grund, warum ein ehemals göttliches Wesen zu einer teuflisch-negativen, destruktiven Kraft degenerieren konnte, ist seine anmaßende, egozentrische Abspaltung von dem großen Zusammenhang des Universums, seine eigensinnige Herauslösung aus dem Sinn des Ganzen. Dadurch verkehren sich die eigentlich sehr wertvollen und schöpferischen Kräfte des Geistes und des Verstandes in ihr Gegenteil und werden zu gefährlichen und destruktiven Werkzeugen.

Wenn man dies nicht allzu kindlich als Darstellung einer irgendwann geschehenen historischen Einmaligkeit versteht, sondern als Gleichnis und Symbolbild, versteht man den psychologischen Zusammenhang sehr gut und erkennt diese «luziferische Qualität» deutlich in vielen modernen Menschen wieder.

[33] Übungen zur Yoga-Praxis siehe in: M. Pema-Dorje, TARA, Walter-Verlag 1991.

[34] Vom SINN ist sowohl im Taoismus als auch in konfuzianischen Schriften immer wieder die Rede. Nach dem SINN suchen bedeutet, die Frage stellen nach der allesumfassenden und allesdurchdringenden Absicht und Weisheit des Universums und Schöpfungsgeschehens. Was bei Konfuzianern der SINN, ist bei Taoisten das TAO, bei Goethe «Das, was die Welt im Innersten zusammenhält».

[35] Es war mit Sicherheit ein einschneidender und folgenschwerer Trugschluß der psychologischen und pädagogischen Theorien der sechziger und siebziger Jahre, anzunehmen, der Mensch könne ohne For-

mung und Disziplin, letztlich ohne bewußte Erziehung und Maßgebungen zur besseren Persönlichkeitsentfaltung gelangen. (Siehe auch Christa Meves, «Die ruinierte Generation», Herder-Verlag.)
[36] Dharma: siehe Anm. 2. Tao: siehe Anm. 34.
[37] «Erscheinungen» sind wortgemäß Formen, die in Erscheinung treten und sich dann wieder als solche auflösen; sie haben durch und durch Vergänglichkeit, sind ohne dauernden Bestand, im Gegensatz zu SEIN.
[38] Jesus: «Das Reich Gottes ist nahe. Wachet auf!» Vgl. Mt 24,32.42; 25,1.13.
[39] Alan Watts, «Die Illusion des Ich», Kösel-Verlag 1980.
[40] Ichhaftigkeit ist Haften am Ich. Drei Arten von Verhaftung nennt der Buddha immer wieder. Die dritte ist das Verhaftetsein am Ich, nicht loskommen, Geblendetsein vom Ich, alles auf das Ich beziehend. Nicht das Ich ist das Problem, diese zu Ich konzentrierte kosmische Energie, sondern das Verengtsein und Fixiertsein auf es.
[41] «Transzendenz» ist wirklich als das zu verstehen, was es ist, nämlich jenseits aller begrifflichen Faßbarkeit. So klar das Wort für sich selbst dasteht, so bemerkenswert ist, daß abendländische Philosophen und Theologen dennoch darüber spekulierten und sogar verbindliche Aussagen darüber getroffen haben. Buddha war diesbezüglich in seiner geistigen Klarheit und Rechtschaffenheit konsequenter: Er weigerte sich stets, Aussagen zu treffen oder auch nur Vermutungen anzustellen über Bereiche, die wirklich jenseits unserer menschlichen Einsichts- und Verständnismöglichkeit liegen, also als transzendent zu bezeichnen sind. Dies hat ihm den immer wiederkehrenden, wirklich dummen und nicht auszurottenden Vorwurf eingebracht, er leugne Gott, und entsprechend sei der Buddhismus eine «Religion ohne Gott» oder gar überhaupt keine Religion. Gott leugnen würde bedeuten, etwas Genaues über die Transzendenz zu wissen, und wäre ebenso töricht wie vorzugeben, sich über einen angenommenen Gott ein Bild machen zu können. Eben dies hat der Buddha kategorisch abgelehnt. Bereits die Jahwisten waren sich mit ihrem ersten Gebot klar: «Du sollst dir kein Bild von Mir (Gott) machen!»
Die ungeheure Rechtschaffenheit und saubere Klarheit des Geistes von Buddha Shakyamuni, des historischen Buddha, erweist sich an dieser Stelle auf sehr markante Weise. Er ist eines der sehr seltenen Beispiele, wo Menschen nicht der Versuchung anheimgefallen sind, die Welt und die universale Wirklichkeit auf den eigenen engen Gesichtswinkel hin zu verkürzen und daraus enge, starre Dogmen werden zu lassen.
[42] In ähnlicher Weise zeigt es uns die Quantenphysik: Ein Atom ist nicht,

wie früher angenommen, nur ein substantielles Teilchen, sondern zugleich auch Welle, Strahlung. Es wechselt seinen Zustand und erscheint in *einem* Zusammenhang als «Teilchen» und in einem *anderen* als «Welle», als Energie. So ist die Vorstellung von «fester Materie» ebenfalls eine Illusion, eine Täuschung unserer Vorstellung.

[43] Vergleiche in diesem Zusammenhang das wertvolle und gut verständliche Buch von Philip Kapleau «Die drei Pfeiler des ZEN», O. W. Barth-Verlag 1965/75.

[44] Erleuchtungsbewußtsein, das sei nochmals betont, erklärt man nicht dadurch, daß man wortgewaltige oder schöne Aussagen macht, es wie in vielen Büchern über ZEN immer und immer wieder neu beschreibt und umschreibt und zugleich doch kundtut, daß man eigentlich darüber gar nicht schreiben und sprechen kann, nicht weil es es nicht gäbe, sondern weil die Erlebnis- und Erfahrungstiefe und -weite, vor allem aber die ganz andere Qualität von ihrer Natur aus sich der begrifflichen, auf Sinnlichkeitserfahrung basierenden Sprache und ihren Definitionen völlig entzieht; vor allem aber erfährt und erlebt man sie nicht, indem man immer wieder neu darüber liest und nochmals liest oder von den gewaltigen Eindrücken und der dann häufig folgenden radikalen Lebenswende der Menschen hört, die es erreicht haben. Man muß sich selbst, so wie man ist, mit dem, was man hat und ist, unter Aufbringung aller Bereitschaft, Energie und Ausdauer «auf den Weg machen», den guten Ratschlägen folgen, auf welche Weise dieser Weg anzugehen ist, und wie die Hindernisse und Schwierigkeiten des alten Ich, des noch unentfalteten und unerwachten, weil noch nicht zur vollen Reife gelangten Soseins zu überwinden sind, um dann, wenn die entsprechende Reife erlangt ist, man an der Schwelle angelangt ist, den endgültigen Sprung zu wagen, so daß die Samenkapsel, die wir selbst sind, aufspringt und die Samen der Erkenntnis als Erleuchtungserlebnis hervorspringen, urplötzlich, überwältigend, großartig: *Erfüllung* dieses Dagewesenseins auf dieser Erde!

[45] «Was die Welt im Innersten zusammenhält» zu erforschen, war Fausts vergebliches lebenslanges Bemühen. Alle seine vielseitigen Studien und Erlebnisse konnten es nicht erfassen. Im Gegenteil, die Verstrickung seines Geistes, die Verwirrung und letztlich Enttäuschung wurden immer größer. Joh. W. von Goethe hat im «Faust» wirklich eine großartige Skizze von diesem sich immer neu wiederholenden menschlichen Irrtum gezeichnet, zu versuchen mit Hilfe des Verstandes die letzten Fragen zu lösen und durch Auskosten der Phänomene die Erfüllung zu finden.

[46] Vgl. NT, Joh 4,1–15.

47 Vgl. Lk 17,20–21.
48 Die beste Zusammenfassung seiner Weltanschauung findet sich in Teilhard de Chardins Werk «Das Herz der Materie». Kernstück einer genialen Weltsicht, Walter-Verlag 1990.
49 Nirwana: Zustand der Erleuchtung und Befreiung, das höchste transzendente Bewußtsein; es befreit von Leiden, Tod und Wiedergeburt.
50 Samsara: Der Kreislauf von Geburt, Tod und Wiedergeburt.

Bildnachweis

Der Verlag dankt dem Autor für das Zurverfügungstellen der Bildmotive. Ein Quellennachweis konnte nicht gefunden werden.

Anhang

Information zur YOGACARA-Meditationsstätte

Buddhistisches Zentrum für geistige Entfaltung und Meditation

Die YOGACARA-Meditationsstätte in D-6924 Neckarbischofsheim (Hindenburgstr. 54, Tel. 0 72 63/67 04) besteht seit 1979 und hat ihre Vorgeschichte durch einen YOGA- und Meditationskreis, der 1970 in Heidelberg begann. Sie steht unter der geistigen Leitung von Meister Pema Dorje, der sich seit 1970 aktiv dem Geistigen YOGA im Sinne einer wirklich alle Existenzbereiche umfassenden Entfaltung des Menschen widmet.

Alles Leben trachtet nach Glück und Erfüllung. So allgemein dies ist, so individuell ist der Weg der Entwicklung und Entfaltung der persönlichen Qualitäten.

M. Pema Dorje begleitet dabei alle, die es möchten, mit Hilfe der *Existentialen Meditation*, deren zentrale Kraft die Klarheit des Geistes und die Güte des Herzens ist. Manchmal ist es der Weg einer Befreiung aus Befangenheit und Gefangenheit durch Hindernisse und Schwierigkeiten hindurch zur Freiheit und Souveränität, aus einer gewissen Dunkelheit zum Licht, manchmal eher der Weg aus den Niederungen des Alltags hinauf auf die Höhe der Berge, wo sich die Perspektive eines großartigen Panoramas eröffnet, manchmal ist es wie ein Erwachen zu einem schönen Frühlingstag. Ein entscheidendes Merkmal dabei ist immer die Liebe, eine Liebe, welche das LEBEN und die Sehnsucht des innersten Herzens beachtet, wertschätzt, zur Entfaltung und zum Blühen bringt. M. Pema Dorje sagt:

«Die Liebe zum LEBEN spaltet nicht auf in Ich und Du, Wir oder die Anderen, sondern ermöglicht immer Verbindung und Beziehung.

Dabei mündet jede Anstrengung und Disziplin in lustvolle Freude und Schönheit, jede Hürde wird zur Herausforderung der eigenen Kraft und Phantasie, und jedes Aufleuchten von GLÜCK läßt das Fest des LEBENS beginnen!
Das allgegenwärtige göttliche LEBEN reicht weit über das alltägliche Dasein hinaus!»
Das konkrete Bedürfnis der einzelnen, die mit der Übungspraxis im YOGA beginnen, ist meist zunächst sehr vordergründig: Sie möchten Gesundheit und körperliches Wohlbefinden erlangen und im Alltag bewahren; zugleich hoffen sie, Antwort und Lösungen in konkreten Schwierigkeiten und Problemen des Lebens zu erhalten. Andere suchen überdies, ihre geistige und persönliche Entwicklung voranzubringen und eine reifere und entfaltetere Perspektive ihres Daseins zu erreichen; das ist über das gesunde *Dasein* hinaus die Erreichung eines erwachten *Bewußt-Seins*. Einzelne gar ahnen und spüren in sich den Zusammenhang von Dasein und SEIN und trachten danach, ein tieferes und grundsätzlicheres Verständnis ihrer Existenz zu erlangen: letztendlich Erleuchtung und zugleich die Vollendung und Erfüllung, den SINN allen Lebens auf Erden.
Diesen Erwartungen, Fragen und Bemühungen der einzelnen trägt Meister Pema Dorje jeweils Rechnung und beschreitet auf den verschiedenen Ebenen einen Weg, der grundlegend sechs Aspekte hat:

1. Äußere und innere *Ruhe und Sammlung;*
2. *Klarheit und Reinheit* des Geistes;
3. *Die Entfaltung* wesentlicher Qualitäten, letztlich die allumfassende und allesdurchdringende Güte;
4. *Meisterschaft,* Vorzüglichkeit in allem;
5. *Raum,* Weite, Unendlichkeit;
6. *Erfüllung,* Vollendung…

Die YOGACARA-Meditationsstätte bietet vielfältige Möglichkeiten zu praktizieren:

Themengebundene *Meditations-Seminare* und *Retreats* (Informationen und Jahresprogramm auf Wunsch), *Schweige-Retreats* einzeln oder in kleiner Gruppe, *Einzel-Retreat* mit Meister Pema Dorje, ganzjährige aufbauende *Meditations- und Übungsabende, Teestunden* für Gespräch und Begegnung.
Ein besonderes Angebot sind die *Retreats in der Amitabha-Einsiedelei* in den Tiroler Bergen.

Die YOGACARA-Meditationsstätte ist Mitgliedsgemeinschaft der Deutschen Buddhistischen Union – Buddhistische Religionsgemeinschaft e. V. (DBU).

Information über den Autor

Meister Pema Dorje, Jahrgang 1938, arbeitete 25 Jahre als Pädagoge und Psychologe. Von 1960 bis 1970 intensive künstlerische Tätigkeit als Maler (Marc T).
Bereits Ende der sechziger Jahre erste Kontakte zu «östlichem Gedankengut». Seit 1970 Arbeit und Leben mit Geistigem YOGA und den tiefgründigen Methoden aus den «Drei Fahrzeugen» des Buddhismus: Ganzjährige YOGA- und Meditationskurse in Heidelberg und 1979 Gründung der YOGACARA-Meditationsstätte in Neckarbischofsheim. M. Pema Dorje leitet die mehrjährigen systematischen Studiengänge, die Wochenend-Meditationsseminare und längeren Retreats und widmet darüber hinaus einen großen Teil seiner Zeit und Kraft den individuellen Fragen und Problemen von Menschen auf der Suche nach persönlicher Gesundung, Erkenntnis, Glück und letztlich Erfüllung.
Ein besonderes Anliegen und Angebot ist das «Besondere Retreat: *Eine Woche leben wie ein Einsiedler*». Es ist ein intensives persönliches Retreat in M. Pema Dorjes Amitabha-Einsiedelei in den Tiroler Bergen, welches in mehreren Retreat-Phasen eine tiefgreifende Läuterung des Geistes und Lebens bewirkt.

Folgenden «Geistigen Ziehvätern» – Lehrern, Meistern und guten Freunden – ist der Autor innerlich mit großem Dank verbunden:
In der Reihenfolge der inneren und persönlichen Begegnung:

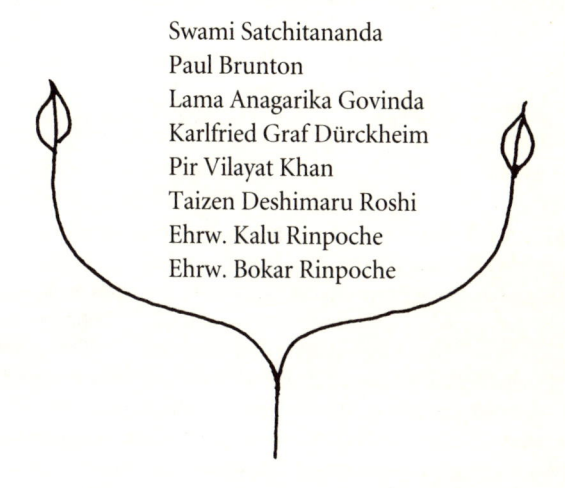

        Swami Satchitananda
        Paul Brunton
        Lama Anagarika Govinda
        Karlfried Graf Dürckheim
        Pir Vilayat Khan
        Taizen Deshimaru Roshi
        Ehrw. Kalu Rinpoche
        Ehrw. Bokar Rinpoche

M. Pema-Dorje

TARA

Weiblich-göttliche Weisheitskraft
im Menschen
165 Seiten mit 4 Farb- und 16 Schwarzweiß-Abbildungen,
Broschur 1991

«Der Leser stellt bald fest, daß es sich nicht um eine Göttin in unserem abendländisch-griechischen Verständnis handelt, sondern um ... göttliche Energien und Eigenschaften unseres eigenen Geistes, die es mittels der komplexen Psychologie der yogischen Visualisation zu wecken gilt..., wobei die Realisation der sechs befreienden Eigenschaften oder *Paramitas* (Großzügigkeit, Geduld, Rechtschaffenheit, Willensanstrengung und Fleiß, Güte und Sanftmut, Weisheit) ins Spiel gebracht werden. Es handelt sich um mehr als rein therapeutische Maßnahmen, eingebettet in die unerläßliche Yoga-Praxis von Reinheit des Körpers, des Gemüts und des Geistes. Gemäß der buddhistisch-mystischen Weltsicht hat Negativität nur illusorischen Charakter, und die Verwirklichung der befreienden Eigenschaften und Tugenden ist ein Prozeß des Eintauchens in die eigentliche Wirklichkeit, und kein Exerzitium guter Tugenden.»

Universale Religion, D-7881 Herrischried, 2/1992

WALTER-VERLAG